精准扶贫精准脱贫百村调研丛书

CASE STUDIES OF TARGETED POVERTY REDUCTION AND
ALLEVIATION IN 100 VILLAGES

李培林／主编

精准扶贫精准脱贫
百村调研·牛红村卷

昔日乞丐村的脱贫之路

罗　静　赵旭峰／著

社会科学文献出版社
SOCIAL SCIENCES ACADEMIC PRESS (CHINA)

中国社会科学院国情调研特大项目
"精准扶贫精准脱贫百村调研"
项目协调办公室

主　任：王子豪

成　员：檀学文　刁鹏飞　闫　珺　田　甜　曲海燕

总　序

　　调查研究是党的优良传统和作风。在党中央领导下，中国社会科学院一贯秉持理论联系实际的学风，并具有开展国情调研的深厚传统。1988年，中国社会科学院与全国社会科学界一起开展了百县市经济社会调查，并被列为"七五"和"八五"国家哲学社会科学重点课题，出版了《中国国情丛书——百县市经济社会调查》。1998年，国情调研视野从中观走向微观，由国家社科基金批准百村经济社会调查"九五"重点项目，出版了《中国国情丛书——百村经济社会调查》。2006年，中国社会科学院全面启动国情调研工作，先后组织实施了1000余项国情调研项目，与地方合作设立院级国情调研基地12个、所级国情调研基地59个。国情调研很好地践行了理论联系实际、实践是检验真理的唯一标准的马克思主义认识论和学风，为发挥中国社会科学院思想库和智囊团作用做出了重要贡献。

　　党的十八大以来，在全面建成小康社会目标指引下，中央提出了到2020年实现我国现行标准下农村贫困人口脱贫、贫困县全部"摘帽"、解决区域性整体贫困的脱贫攻坚目标。中国的减贫成就举世瞩目，如此宏大的脱贫目标世所罕见。到2020年实现全面精准脱贫是党的十九大提出的三大攻坚战之一，是重大的社会目标和政治任务，中国的贫困地区在此期间也将发生翻天覆地的变化，而变化的过程注定不会一帆风顺或云淡风轻。记录这个伟大的过程，总结解决这个世界性难题的经验，为完成这个攻坚战献计献策，是社会科学工作者应有的责任担当。

2016年，中国社会科学院根据中央做出的"打赢脱贫攻坚战"战略部署，决定设立"精准扶贫精准脱贫百村调研"国情调研特大项目，集中优势人力、物力，以精准扶贫为主题，集中两年时间，开展贫困村百村调研。"精准扶贫精准脱贫百村调研"是中国社会科学院国情调研重大工程，有统一的样本村选择标准和广泛的地域分布，有明确的调研目标和统一的调研进度安排。调研的104个样本村，西部、中部和东部地区的比例分别为57%、27%和16%，对民族地区、边境地区、片区、深度贫困地区都有专门的考虑，有望对全国贫困村有基本的代表性，对当前中国农村贫困状况和减贫、发展状况有一个横断面式的全景展示。

在以习近平同志为核心的党中央坚强领导下，党的十八大以来的中国特色社会主义实践引导中国进入中国特色社会主义新时代，我国经济社会格局正在发生深刻变化，脱贫攻坚行动顺利推进，每年实现贫困人口脱贫1000多万人，贫困人口从2012年的9899万人减少到2017年的3046万人，在较短时间内实现了贫困村面貌的巨大改观。中国社会科学院组建了一百支调研团队，动员了不少于500名科研人员的调研队伍，付出了不少于3000个工作日，用脚步、笔尖和镜头记录了百余个贫困村在近年来发生的巨大变化。

根据规划，每个贫困村子课题组不仅要为总课题组提供数据，还要撰写和出版村庄调研报告，这就是呈现在读者面前的"精准扶贫精准脱贫百村调研丛书"。为了达到了解国情的基本目的，总课题组拟定了调研提纲和问卷，要求各村调研都要执行基本的"规定动作"和因村而异的"自选动作"，了解和写出每个村的特色，写出脱贫路上的风采以及荆棘！对每部报告我们都组织了专家评审，由作者根据修改意见进行修改，直到达到出版要求。我们希望，这套丛书的出版能为脱贫攻坚大业写下浓重的一笔。

中共十九大的胜利召开，确立习近平新时代中国特色社会主义思想作为各项工作的指导思想，宣告中国特色社会主义进入新时代，中央做出了社会主要矛盾转化的重大判断。从现在起到2020年，既是全面建成小康社会的决胜期，也是迈向第二个百年奋斗目标的历史交会期。在此期间，国家强调坚决打好防范化解重大风险、精准脱贫、污染防治三大攻坚战。2018年春节前夕，习近平总书记到深度贫困的四川凉山地区考察，就打好精准脱贫攻坚战提出八条要求，并通过脱贫攻坚三年行动计划加以推进。与此同时，为应对我国乡村发展不平衡不充分尤其突出的问题，国家适时启动了乡村振兴战略，要求到2020年乡村振兴取得重要进展，做好实施乡村振兴战略与打好精准脱贫攻坚战的有机衔接。通过调研，我们也发现，很多地方已经在实际工作中将脱贫攻坚与美丽乡村建设、城乡发展一体化结合在一起开展。可以预见，贫困地区的脱贫攻坚将不再只局限于贫困户脱贫，我们有充分的信心从贫困村发展看到乡村振兴的曙光和未来。

　　是为序！

李培林

全国人民代表大会社会建设委员会副主任委员

中国社会科学院副院长、学部委员

2018 年 10 月

前　言

　　本书是中国社会科学院国情调研特大项目"精准扶贫精准脱贫百村调研"的子课题——"牛红村精准扶贫精准脱贫"的调研成果。

　　牛红村所隶属的红河县是国家重点贫困县，牛红村又是红河县的建档立卡贫困村、云南省扶贫工作的重要对象，因此对牛红村实施精准扶贫的全过程进行追踪、记录和研究可以窥探云南深度贫困山区精准扶贫之一斑。本书力图展现"精准扶贫"政策在牛红村实施的全过程，读者可以从中理解国家宏大的扶贫语境是如何转化于具体而细微的行动中，精准扶贫如何在边疆村落的泥土中生根发芽。

　　本书所使用的材料来自课题组在 2016 年到 2017 年之间几次田野调研所收集的调查问卷、对村民进行的深度访谈，以及红河县政府和垤玛乡政府提供的相关扶贫资料。牛红村的问卷调查是在全体村民中抽取了 72 个样本的基础上完成的。这 72 个样本的选取采用分组等距抽样法，具体做法是：课题组在牛红村村委会调取所有村民的名单，然后在村民名单里按照牛红村"建档立卡户"和"非建档立卡户"的比例随机抽取被访者。我们抽取了75位村民，这些村民中包括50位建档立卡户和25位非建档立卡户。调查过程中，几位被访者无法访问到，由村民小组长协调替换了该村其他同类型的村民。问卷调查从2016年12月一直持续到2017年5月，最后收集到合格的问卷72份，本书中的统计资料来源均以这72份调查问卷为基础。问卷调查工作由云南红河学院的哈尼族学生们协助完成。本书中的访谈资料来自红河县政府、垤玛乡政府、垤玛乡扶贫办、牛红村委会干部以及牛红村的普通村民。书中的很多扶贫资料由红河县扶贫办和垤玛乡扶贫办提供。

本书分为七章。第一章介绍牛红村的基本概况，包括自然地理、历史沿革与社会传统，以及牛红村农户的家庭和人口情况，读者可以对牛红村这样一个哈尼族村落生活的历史、地理以及扶贫实践的起点有个整体理解。第二章讲述了牛红村在精准扶贫之前的扶贫历程，从而便于理解后面章节中所阐述的"精准"扶贫与历次扶贫的区别。第三章分析了当下牛红村的致贫原因，以体会精准扶贫之"精准"所在。第四章介绍了牛红村如何实施国家统一的"五个一批"帮扶行为。第五章介绍了牛红村根据自身的特点所采取的独特的精准扶贫方式。移风易俗精准扶贫是垤玛乡政府和牛红村村委会的干部针对牛红村的情况专门制定的精准扶贫措施。乡村干部发现，牛红村丧葬大操大办的风俗给所有村民都造成沉重的负担，但是作为熟人社会的乡村不可能从内部抵抗这个延续了几百年的风俗。于是，垤玛乡政府出头并提供资金，带领村民实施简化丧葬仪式，开牛红村之先河。第六章总结了牛红村精准扶贫的成效与机制，为其他边疆少数民族地区的精准扶贫提供参考。第七章总结了以牛红村为代表的边疆少数民族地区在精准扶贫中面临的一些障碍，提出建议，并展望未来牛红村的发展之路。

回顾牛红村实施精准扶贫的历程，用垤玛乡乡长周绕斌的一句话来概括最恰当不过了："上面扶一把，（脱贫的）路还要自己走。"细究起来，精准扶贫政策在牛红村实施以来取得了前所未有的成效，倒不是因为这次扶贫的资金投入有多大，而是精准扶贫对于乡村发展的作用就像一个"支点"，撬动了乡村的神经。如果没有这个外来的推动力，牛红村的脱贫之路还要继续摸索很长时间，但是仅仅依靠政府的扶贫，牛红村的脱贫之路是走不远的。因此，牛红村的脱贫和振兴之路最终还需靠乡村干部和老百姓踏踏实实地干出来。

目 录

第一章

牛红村概况

牛红村位于云南省东南部，隶属于红河哈尼族彝族自治州红河县垤玛乡。从地图上看牛红村的地理位置与越南、老挝和缅甸三个国家毗邻，是典型的边疆少数民族村寨。从牛红村到老挝的直线距离只有一百多公里，比到省城昆明还近。牛红村村长开玩笑说："（村民）出国比去趟昆明还近。"

第一节　牛红村的地理与历史沿革

　　牛红村坐落在云南阿者山西北部，属于典型的低纬度

山区村落。其所辖的 15 个村民小组分布在海拔 1550~2421
米之间，平均海拔 1650 米。牛红村气候属于低纬度亚
热带高原型湿润季风气候。北回归线自东而西划过红河
州，距离牛红村也很近。整体来看，牛红村在大气环流
与错综复杂的地形条件下，具有独特的高原立体气候特
征。尽管牛红村立体气候没有"一山有四季"那么突出，
但是牛红村所辖的村民小组的开秧和收割时间也相差有
2~3 个星期，一般是山下的村落最先开秧，然后逐渐到山
上的村庄。对于牛红村的气候和地理特点，课题组调研
过程中深有体会，山下的稻田郁郁葱葱，而山上才刚刚
放水。

　　牛红村所属的垤玛乡年平均晴天日数为 240 天，年平
均阴天数为 120 天，最高气温 31℃，最低气温 8℃，年平
均气温 21℃，年平均降水量 1700 毫米。丰沛的降水和独
特的山地森林，造就了牛红村独特的哈尼梯田耕作方式。
但是受制于海拔，牛红村整体气温不高，所以一年只产一
季稻。整体来讲，牛红村的气候温和，水资源丰富，冬无
严寒，夏无酷暑，非常适宜人类生活。

　　牛红村是垤玛乡所辖 6 个行政村之一[①]，也是红河县
最为偏僻的村落之一，其村委会所在地距离垤玛乡政府所
在地有 6 公里山路，距红河县城有 129 公里。因为这 129
公里路程全是山路，所以牛红村与外界的联系变得非常困
难。垤玛乡乡长周绕斌告诉调研组："牛红村的人有 60%

---

　　① 垤玛乡管辖的其他 5 个行政村分别是：垤玛村、腊哈村、河玛村、曼培村、
　　　独格村。

没有去过（红河县城）迤萨镇，"他去红河县开一次会，单程耗费在路上的时间也要将近 4 个小时。

牛红村管辖面积 60 平方公里，辖 15 个自然村 [①] 17 个村民小组，世居民族为哈尼族。截至 2016 年 12 月，牛红村共有 638 户 3280 人。牛红村有耕地面积 29800 亩、林地面积 6000 亩、其他农业用地面积 23800 亩。牛红村的土壤为酸性土壤，土地呈红色。主要粮食作物是稻米，在当地土壤中产出的是红色稻谷，俗称红米。红米的产量非常低，亩产只有 500 斤左右，而且口感不好，当地人一般不直接食用红米，而是把红米做成米粉。村民们种植的粮食不能自给自足，必须从市场中购买粮食。此外，牛红村还适宜种植玉米、荞麦、谷子、茶叶、板蓝根、桑葚等经济作物，但是由于坐落在山地，各种作物的产量都很小。村民们还养殖牛、猪、山羊、鸡鸭等。从下面的卫星地图（图 1-1）可以看出牛红村坐落在山间，没有平地，耕地严重不足。

牛红村作为行政村的历史不算久远。新中国成立前这里为土司的辖地。新中国成立后，牛红村的行政建制经历了多次变更。新中国成立初，牛红村在行政区划上属于元江县第三区，但在之后三十年的时间里发生了五次变动，分别是：1954 年 7 月，牛红村所属的垤玛地方划属红河县第五区；1956 年，红河县第五区分出设第六

---

① 牛红村村委会辖的 15 个自然村分别是：牛红、毕垤、吼玛、宗和、贾东、俄脚、腊东、洛玛、女果、威碑然、勐脚、格脚、龙曲、独家、腊约。其中牛红、毕垤两个自然村的民宅已经连成一片，独家和腊约自然村也合并在一起居住。

图1-1　牛红村村民小组分布地理图

（图片来源：垤玛乡政府制作，时间：2016年，地点：垤玛乡）

区，为垤玛地方；1958年，第六区改设百河公社；1961年，改设底玛区；1970年2月，改设底玛公社。而牛红村的行政建制则是在"文革"结束后到改革开放初期初步奠定的。1976年，底玛公社底玛大队分出一个大队——宗和大队，主要包括了今天牛红村所属的各个自然村；1982年，宗和大队更名为牛红大队。1984年，垤玛公社改设乡（1982年更名垤玛公社），牛红大队属于垤玛乡。

牛红村地处红河县、元江县和墨江县三县交界，同时是红河州、玉溪市和普洱市三市交界的地方，所以牛红村行政归属地曾经发生多次变动，甚至分属不同的县域。

1987 年 1 月，垤玛乡划归墨江县，牛红在行政区划上也归属墨江县管辖。1988 年 5 月，垤玛乡复归红河县，牛红村也再次划归红河县。1988 年 10 月，牛红大队改设为村公所，后又改为行政村，设牛红村村委会，一直到今天。牛红村现归属于红河县管辖。

第二节　哈尼族的传统生产与生活

牛红村是一个非常典型的哈尼族村寨，寨子里的农户全部是哈尼族，并且是哈尼族的白宏支系。哈尼族是云南特有的少数民族，人口数量居云南 25 个少数民族第三位。红河州的哈尼族人口大约 69 万人，占全国哈尼族总人口的 43.0%[①]。

哈尼族原是青藏高原上的氐羌游牧部落，以畜牧为生，并无种植农作物的传统。据史书记载，氐羌族在南迁途经今四川凉山彝族自治州时，受当地民族影响开始学会耕耘田亩。随着哈尼先民的继续南迁，水稻栽培技术也越来越先进。因此，哈尼梯田形成的首要原因是哈尼族在南迁过程中与遇到的各个民族的交流。在云南，哈尼族充分利用了云南南部亚热带山地独特的自然环境，耕种着独特

---

① 2010 年人口普查数据，全国哈尼族人口数量为 160.3 万。资料来源：国家统计局，《2010 年人口普查资料》。

图1-2　2017年牛红村腊约村民小组的农户在维护梯田

（罗静拍摄，时间：2017年8月，地点：牛红村腊约村民小组）

的哈尼梯田，与当地的气候条件和地理环境相得益彰。牛红村成片的哈尼梯田至今已经有几百年的历史，要维持梯田的良好状态需要对梯田进行日常维护，因此耕种哈尼梯田需要付出的劳动力比一般稻田更多。图1-2展示了牛红村腊约村民小组的农户在水稻生长期间维护梯田的劳动场景，主要是把梯田里的杂草除掉，将梯田的田埂围好，保持梯田的保水性。

为保持梯田的保水性，哈尼族人民对不同坡度的梯田采取不同的维护措施。如，高山区和中山区梯田采用长年淹水的方式，而低山区梯田采用季节淹水（种水稻时才淹水）的方式。同时，在栽插水稻之前和收割之后把梯田田埂铲干净，并用田泥糊在田埂上。这样做一方面可为梯田增加肥料，另一方面可杜绝田鼠等动物的破坏。除这种经常的维护外，哈尼族人民还在雨季到来之前出动大量的人力，把所有的水渠修通，并在暴雨季节派人疏通水渠，随时排走多余的水，以保证梯田和水渠的安全。[①]

总体来看，稻谷耕作本身就是劳动力投入非常多的生计方式，而哈尼梯田作为山地稻田，哈尼族人在其中投入的劳动力和工作量比平原地区的稻谷耕作要多许多。尽管人工投入如此多，但是由于稻种、泥土质量等多种原因，哈尼梯田的稻米亩产量非常低，一般只有 500 斤左右，这样的亩产量大约只有平原稻田亩产量的一半。这也是导致牛红村贫困的原因之一，即使牛红村村民终日劳作，这片土地也不能带给他们丰厚的回报。

第三节　牛红村农户的家庭与人口

牛红村的贫困一方面是因为土地的投入产出比非常低；另一方面是因为人均土地非常少，这与牛红村庞大的人口基数不无关系。

① 王清华:《梯田文化论》，云南大学出版社，1999。

牛红村的村民全部是哈尼族。历史上，哈尼族在经历了长期艰辛地迁徙之后定居于高山箐谷之间，人口的生息繁衍对民族的生存与发展具有重要的作用，因此"多子多福"的观念在哈尼族人心中根深蒂固。时至今日，哈尼族还存在早婚和多子的生育传统，因此牛红村的家庭规模普遍较大，每个家庭一般有 3 个孩子，多的甚至有 5 个。这次牛红村的抽样调查结果显示，在被调查的 72 户人家中，超过 1/2 的家庭是五口之家，有 1/4 的家庭有 7 口人。其中，很多人口是超生人口，并不记录在户籍中。2015 年 12 月 31 日，国务院办公厅印发《关于解决无户口人员登记户口问题的意见》，该《意见》提出要全面解决无户口人员的登记户口问题。于是从 2016 年开始，牛红村的超生人口大多依法登记一个常住户口，但仍然有极个别人还没有登记。超生人口的存在，曾给牛红村的建档立卡户识别带来一定的困难，因为建档立卡户要以户籍为准。牛红村的家庭人口数统计详见表 1-1。

表 1-1　牛红村家庭人口规模分布统计表

单位：户数

牛红村家庭人口数	频数
家里有 1 口人	72
家里有 2 口人	69
家里有 3 口人	65
家里有 4 口人	56
家里有 5 口人	43
家里有 6 口人	31
家里有 7 口人	18

资料来源：精准扶贫精准脱贫百村调研牛红村调研。

说明：本书统计表格，除特殊标注，均来自牛红村调研。

尽管牛红村的家庭规模比较大，但还保留着子女成年后分家的习俗。按照习俗，哈尼族老人一般会与最小的儿子生活在一起，因此家庭成员的平均年龄比较小。依据抽样样本得出的数据，牛红村的男女户主的平均年龄分别是52岁和46岁，成年子女的平均年龄是27岁。但是这个数据的估算与实际的误差可能会非常大（见表1-2中的标准差）。我们的估算建立在以下假设之上：假设户籍中人口是按照年龄的顺序进行登记，并假设户籍的登录顺序是从户主到子女的顺序。尽管这个估算可能与实际情况差别很大，但是从表1-2中可以看出，被访者家中第4口人到第7口人的年龄都在18岁以下，所以这种估算有一定参考意义。

表1-2　牛红村家中成员年龄统计

家庭成员	样本	极小值	极大值	均值	标准差	年龄（岁）（2017）
第1口人	67	194402	200006	196591.2	1349.1	52
第2口人	64	193412	200509	197139.8	1623.8	46
第3口人	60	193806	201704	199094.9	1482.6	27
第4口人	49	196203	201603	200051.1	1251.3	12
第5口人	35	197301	201504	200286.2	1064.9	15
第6口人	27	198604	201608	200429.2	38193.7	13
第7口人	16	199005	201504	200469.2	894.3	13

资料来源：精准扶贫精准脱贫百村调研牛红村调研。

　　作为哈尼族村落的牛红村，按照哈尼族的传统，大小事务主要由男性决定，女性虽然承担着养育子女和家里所有繁重事务的重任，但在社会活动中并没有多少发言权。本次问卷调查的结果显示，在 72 位被访者中，56 位（77.8%）被访者是哈尼族男性。男性被访者居多的主要原因有两个：一是课题组选择调研的时间集中在春节和开秧节期间，主要考虑这两个时间段村庄里外出务工的人都回来了，平时村庄中的男性并没有这么多；二是哈尼族社区中女性成员一般主持家务，并不参与对外的社会交往，同时哈尼族传统习俗对女性的社会行为有诸多限制，因此女性作为被访者的比例比较小。比如，课题组在调查期间，于农户家中用餐时，女性家庭成员不能与客人一起在餐厅就餐，只能在厨房就餐。

整个垤玛乡几乎都是哈尼族，只有 1 个完全的汉族村寨，即垤玛乡所辖的曼培村村委会下辖的农场新寨。垤玛乡里的其他民族并不多，这是由于其地处偏远，高山箐谷阻隔了与外界的交往，因此历史上人员流动很少，故形成了以哈尼族为主的聚居格局。课题组调查问卷的数据也支持牛红村是个完全的哈尼村寨，72 份问卷的被访者全部是哈尼族。

牛红村村民的受教育程度普遍很低，抽样调查的结果显示，牛红村文盲的比例高达 68.1%，读完小学的人有 26.4%，上过初中的村民只有 5.6%，高中毕业的少之又少，哈尼族女性的受教育程度更低。详情见表 1-3。历史上，牛红村由于地理上的闭塞与生活上贫穷，村民接受教育的机会很少；此外，大多数村民忙于生计，对孩子的教育不甚重视。牛红村村委会主任朱阿毛（为了保护受访者隐私，隐去真名，本书中所列人名均为化名）告诉课题组：

"中老年人的文盲率特别高，很多人甚至不会讲普通话，（历史上）靠读书走出牛红村的人非常少；年青一代的情况相对好了许多，很多人到县城的高中读书，近几年还有些人考上了大学，这些年轻人毕业后大多在外地务工或工作，基本不回村里了。"

表1-3　牛红村村民的文化程度

单位：人，%

文化程度	频数	百分比	有效百分比	累计百分比
文盲	49	68.1	68.1	68.1
小学	19	26.4	26.4	94.4
初中	4	5.6	5.6	100.0
合计	72	100.0	100.0	

资料来源：精准扶贫精准脱贫百村调研牛红村调研。

　　牛红村的被调查者有72.2%是已婚，8.3%是未婚，18.1%丧偶，详情见表1-4。从未婚的比例与构成来看，牛红村男性娶媳妇并不像其他贫困地区那样困难，可能是因为结婚聘金并不昂贵，可见牛红村没有过多受到外界不良价值观冲击，依然保留着节俭、淳朴的美德。在牛红村，课题组曾经看到未满20周岁的年轻人就结婚，他们结婚时的聘金只有几千元，这与沿海地区动辄数十万数百万元的高价聘金形成鲜明对比。此外，被调查者中丧偶的比例非常高，达到18.1%，这个比例出乎课题组的意料。在牛红村，很多孤寡老人独自生活在又破又脏的老房子里，生活起居皆不方便。他们中很多人年老体弱，还要帮忙照看留守儿童。

表1-4　牛红村村民的婚姻状况

单位：人，%

婚姻状况	频数	百分比	有效百分比	累计百分比
已婚	52	72.2	72.2	72.2
未婚	6	8.3	8.3	80.6
离异	1	1.4	1.4	81.9
丧偶	13	18.1	18.1	100.0
合计	72	100.0	100.0	

资料来源：精准扶贫精准脱贫百村调研牛红村调研。

　　此次抽样调查的样本中，绝大多数被访者是牛红村普通农民，比例为88.4%，5.8%的受访者是牛红村村干部，另有1.4%的受访者是村民代表，三者合计达到95.6%。其实，村干部与村民代表也是普通农民，牛红村有"社会身份"的人并不多，抽样调查中只有3人不是"普通农民"，其中两人的社会身份是离退休干部职工与教师医生。正如牛红村委会主任朱阿毛所讲的：靠读书走出牛红村的人非常少。

　　在被调查的72户农户中，只有1户是居民户口，其他71户是农业户口。在这里特别需要指出，这1户居民户口即过去所讲的"非农业户口"。

第二章

牛红村的扶贫历程

"生活充满吊诡"是个哲学意味的描述，这句话在牛红村最近 10 年的发展中得到印证。类似的表述还有诸如"塞翁失马""否极泰来""未预期的后果"等。牛红村走出贫困的起点是在一次巨大的洪水灾害和一次并不光彩的乞讨曝光之后。

　　由于牛红村土地贫瘠，人多田少，村民常年处于深度贫困的状态，2007 年爆发了一次特大水灾，使得本来就捉襟见肘的牛红村遭受重大损失，于是很多人到外面乞讨。2011 年网络上的"微博打拐"曝光了垤玛乡 40 多名外出乞讨者，其中有 20 人是牛红村人，垤玛乡政府和牛红村村民做梦也想不到居然以这种方式出名了。吊诡的是，恰恰是这两次事件，给牛红村带来了"发展"的机遇。2007 年的大水灾，红河县县委派来了李文勇书记，他以灾后重

第二章

牛红村的扶贫历程

建为切入点，带领垤玛乡的发展整体上了一个台阶：2009年牛红村通电，2012年通村公路变成水泥路。牛红村脱贫的新局面就是那时候开启的。此外，2011年"微博打拐"乞讨事件曝光以后，外界的关注和大量的财政拨款又进一步改变了牛红村的面貌。自2015年开始实施的精准扶贫政策算是牛红村的扶贫第三波。

第一节 起点：2007年水灾后的扶贫

从名字上看，牛红村所属的垤玛乡是一个美好的地方。"垤玛"二字系哈尼语"虾垤垤玛"的简称，"虾垤"是稻田的意思，"垤玛"是成片的意思，"虾垤垤玛"即成片的稻田。然而现实情况是，垤玛地处高山峡谷之间，人均耕地面积不到一亩，并且由于长年的生火造房砍伐林木，水土流失严重，当地村民基本上靠天吃饭，粮食产量不能满足自给。更由于垤玛乡地处元江、墨江、红河三县之间，在行政区划上曾多有变动，是名副其实的三不管地带，历史上又是著名的"黑树林地区"[①]，以致地方政府都不愿把重点发展资金投到这片区域。2007年前后，整个垤玛乡大约有60%的群众每年断粮3个月左右，很多农户连

---

① 黑树林地区，纵贯墨江、红河、元江、绿春四县结合部的哀牢山纵谷地带，长期以来当地民众因争夺水源等生存资源而发生多次纠纷。

基本的温饱问题都没有解决；住的方面，全乡 70% 的房屋是土坯房，农户与猪、鸡、牛同居一室；至于文化程度，全乡文盲、半文盲占到总人口的 50%，40 岁以上的人基本听不懂也不会说普通话，外出务工都很困难。那时候的垤玛乡人吃不饱，又没有什么经济收入，实在是太穷了。图 2-1 是垤玛乡政府提供的 2005 年 2 月的牛红村的照片，放眼望去村庄中都是土坯房。

图 2-1 垤玛乡提供的牛红村的老照片

（垤玛乡政府拍摄，时间：2005 年 2 月，地点：牛红村）

2007 年 7 月 13 日，垤玛乡遭遇 50 年不遇的洪涝灾害，境内发生 800 多处山体滑坡，超过 8000 人受灾，农田受灾面积 3259.9 亩。垤玛乡的灾情引起了云南省、红河州、红河县各级政府的高度重视，州县级领导先后深入灾区察看灾情，慰问灾民，并就如何进行灾后重建做出重要指示。

灾后重建工作是一项艰难、复杂而又非常重要的工作，事关近万灾民的当下民生和地方今后发展的大计。重建用人之际，红河县政府把李文勇调到垤玛乡担任党委书记。2008年3月李文勇正式上任，他才发现自己接手的是一个烫手的山芋：刚刚遭受洪涝灾害侵蚀的垤玛乡，有27个自然村没通电，45个自然村未通公路，上千人外出乞讨。面对如此窘境，他一头"扎"进农户家，全乡73自然村82个村民小组，他用21天跑完，了解农民为什么穷、农民最需的是什么，并把这些需求都密密麻麻地记在本子上，一件件去落实。同时，李文勇"扎"进农家，对基层党员与群众有了更深刻的了解，认识到基层党员的服务能力差，主体意识不强，让群众看不到希望。他把8个看护山林不负责的护林员开除，原因是他们"懒、散、庸"。被开除的护林员及其家人不服气，他便把下乡时记的笔记翻开，把8个护林员在岗不在位的情况展示给众人。为扭转党员与群众涣散、慵懒的风气，他建起"党总支+党员服务队"的工作模式，村党总支书记为队长，6支党员服务队280多名党员为队伍，到田间地头帮助农民干活，解决困难，把党员干部"嵌"在村子里。群众看到党员干部与自己一起干，生产积极性大大提高。图2-2是垤玛乡政府张贴的李文勇同志简介。

灾后重建需要资金，李文勇到红河县、红河州、云南省几头跑，千方百计争取灾后恢复重建资金；拉电线算电杆数量，他走几个小时山路自己去测量，与群众一起抬电

图 2-2　垤玛乡的扶贫带头人李文勇

（罗静拍摄，时间：2016 年 12 月，地点：牛红村）

杆，经常忙到半夜。垤玛乡 27 个自然村 634 户 3061 人无电村通电工程于 2008 年 11 月 16 日已全面完成，此时距离李文勇来垤玛乡任职不过半年多时间。2009 年春节，垤玛乡所有村民都是在电灯的照明下度过的，从此结束了点煤油灯照明的历史，垤玛乡率先实现了村村通电的目标，走在了红河县村村通电乡镇的前列。

在李文勇的带领下，垤玛乡的恢复重建工作顺利开展。2008 年，垤玛乡完成农村经济总收入 3445 万元，人均纯收入 1294 元；完成粮食播种面积 26045 亩；完成粮食总产量 554 万公斤，人均有粮 284.5 公斤；恢复农田 3000 亩，占受灾农田面积 3259.9 亩的 92.0%；恢复旱地 3320 亩，占受灾旱地面积 3451.0 亩的 96.2%。[①]

———————————————————

① 数据引自垤玛乡政府向红河县委督查室提交的《垤玛乡"713 灾后恢复重建工作总结"》（2008 年 12 月 1 日）。

李文勇上任半年时间，灾后面临的问题解决了，但垤玛乡历史上遗留下来的问题——穷根子并没有拔除。为了改变垤玛乡的贫穷落后面貌，实现农业增效、农民增收这个主题，李文勇带领全乡人民集思广益，努力加大农业产业结构调整力度，培育壮大富民产业。李文勇经过多方调研，根据垤玛乡的土地资源、地理环境等条件，按照"茶叶为龙头、竹子为后劲、生猪为试点、草果为后续"的发展思路，提出了"一村一品、多村一业"的产业培植措施，把茶叶、竹子、草果、生猪列为支柱产业来培植，具体情况如下。

茶业产业：茶叶产业作为垤玛乡传统经济支柱产业，是当地群众不可缺的主要经济来源之一。经过长期种植，茶叶种植面积已初具规模。2008年，垤玛乡茶叶种植面积达11560亩，其中可采摘面积为8500多亩，改造老茶园2500亩。2008年，茶农直接经济收入达120余万元。

竹子产业：垤玛乡境内水资源丰富，有垤玛河、曼培河、六章河贯穿全境，优越的自然环境为茶叶、竹子发展提供了良好的条件。2008年，垤玛乡竹子种植面积达到4200亩，形成了规模效益。为把资源优势转化为富民产业，垤玛乡政府采取招商引资方式，引进福建投资商进行竹笋食品产品系列开发，取得了良好的生态效益和经济效益。

生猪产业：垤玛乡现在保存的滇南小耳朵猪，个头虽小，但肉质鲜美，肥而不腻，是食用乳猪中的一极品，具有巨大的开发价值。小耳猪属于圈养和放牧兼饲猪种，符合垤玛乡当地自然环境、社会经济条件、人文习俗。为此，政府特立项审批"垤玛乡仔猪繁育基地"项目，按照"仔猪为主，肥猪为辅"的指导思想，以基地为龙头，辐射和带动全乡生猪产业健康发展，不断提高规模化、集约化养殖水平。2010年9月，在垤玛乡的曼培村委会格波山投资350万元建立垤玛格波小耳猪养殖场。2012年，垤玛乡小耳猪存栏达12000头，平均每户养殖3头以上，是红河州最大的小耳猪天然保种地。[①]

草果产业：2008年，垤玛乡累计草果种植面积1500亩，草果种植成为全乡山区群众脱贫致富的一项支柱产业。为发挥资源优势，拓宽林下经济渠道，实现生态与经济双赢，加快发展草果种植，垤玛乡还对草果种植规模大的人家进行苗款补助；组织科技人员定期深入村寨、农户中开展科技培训，增强群众科技种草果意识，在保护好森林的前提下，提高草果单株产量。

第二节 "乞讨乡"被曝光后的扶贫历程

千百年积累下的贫穷根子不可能一下子就拔除，脱贫不可能一蹴而就。在灾后恢复重建的过程中，由于各项富

① 资料来源：垤玛乡政府《滇南小耳朵猪实施方案》。

民举措未能立即产生效果，仍然有大量的乡民外出乞讨。2011年，垤玛乡人外出乞讨被多家媒体关注，并在网络上引发热议，垤玛这个寓意成片稻田的坝子被人们称为"乞讨乡"。垤玛乡是"火"了，但乡党委书记李文勇却几天几夜没合眼，除了要忙着召集相关部门开会，接待到访的媒体，还要安排人员劝返在外的50多名乞讨人员。[①] 牛红村村委会主任朱阿毛介绍："牛红、河玛、宗和三个村民小组曾有20多人的专业乞讨者，那时候村委会一天接待好几拨记者。"

如果翻开云南地图，读者会发现，仅仅从地图上看，牛红村的区位优势是相当优越的，其地处红河、玉溪、普洱三地州市交界处，距离越南边界与云南省会都比较近，是从省会昆明南下进入普洱市、红河州的必经之路，也是中国走向东盟的陆路通道核心区。然而，现实情况是环绕村庄的群山把牛红村所在的垤玛乡与外界几乎隔离起来，长期以来只有蜿蜒曲折的几条羊肠小道是村民外出的通道，封闭的环境让牛红村与贫困紧紧相连。

1978年农村实施分产到户以后，农民们不再被强制附着在土地上，有了自由活动的空间，就在这个时期垤玛乡群众外出乞讨开始出现。至20世纪90年代，高峰时全乡有千余人外出乞讨。2000年之后，中央政府在边疆地区推行"兴边富民"政策，陆续有人返回故乡。但垤玛乡的贫困现状没有能一下子改变，农民生活依然很贫困，在外

---

① 《原红河州垤玛乡党委书记李文勇累倒在岗位上》，云南网，2014年3月17日，http://society.yunnan.cn/html/2014-03/17/content_3127535.htm。

乞讨的人依然很多。直至 2010 年以前，牛红村所在的垤玛乡仍然是偏远、贫困、落后的代名词，被派往垤玛的国家干部都不愿到此地工作，经商的生意人也不愿到垤玛经商，连垤玛人都不愿留在当地生活，当地部分哈尼族群众继续在外乞讨求生。

2011 年初春，昆明、贵阳等城市的一批特殊人群引起了媒体的关注。这些人操同样的口音，带着许多未成年的孩子乞讨，被当作"拐卖"儿童的"团伙"。于是，一场名为"微博打拐"的公益活动让这些"乞讨儿童"进入公众视野，并引起社会各界的关注。2011 年 2 月 6 日晚，昆明市公安局五华分局组织警力，对微博上曝光的部分在昆乞讨儿童进行清查。云南警方在昆明南屏街附近找到的 53 名乞讨者中，有 13 名成年人和 23 名未成年人来自红河县垤玛乡。4 天后，贵阳警方在贵阳市一家名为"洁安旅社"的招待所内，发现参与行乞的 20 名成年人和 22 名未成年人，他们同样来自红河县垤玛乡。① 由于大量"曝光的"乞讨人员，垤玛乡顿时受到众多媒体的关注，后被多家媒体采访报道。垤玛乡群众乞讨的事件第一次被全国关注，垤玛乡也由默默无闻变得"声名鹊起"。

垤玛乡"乞讨事件"曝光后，"乞丐乡"成了垤玛乡的标签。为此，云南省政府责令红河哈尼族彝族自治州、红河县政府在垤玛乡进行了一次贫困状况调查，结果显示：在 18 户 46 名乞讨人员中，女性占 70%，文盲占 80%；带

① 木仓子：《新垤玛新希望》，《红河日报》2015 年 5 月 27 日，第 4 版。

自家孩子乞讨的有 15 户，占 83.3%；乞讨儿童年龄在 1.5 岁至 14 岁之间，5 名乞讨儿童来自单亲家庭；外出乞讨家庭人均耕地面积 0.5 亩，比全乡人均耕地面积 1.1 亩少 0.6 亩；人均纯收入 666.4 元，相对贫困户占 3 户，绝对贫困户占 15 户；人均有粮 73.1 公斤，18 户中缺粮 3 个月的有 3 户，缺粮 5 个月的有 8 户，缺粮 7 个月的有 7 户。而全乡的情况则是，缺粮 3 个月甚至半年以上的有 6500 人左右。在"十一五"期间，全乡累计发放救济大米 550 吨。[①] 在坦玛乡，农民们辛苦耕种还是吃不饱，这是坦玛乡老百姓生活的真实写照。

由于贫穷，坦玛人不得不外出乞讨，而且把其作为一种"职业"。坦玛乡现任副乡长朱阿福说："20 世纪 80 年代，全乡 1.5 万多人曾经有 3000 多人在外乞讨。而 20 世纪 90 年代，不少人靠乞讨回乡盖起了小洋楼"。"乞讨致富"更是极大地刺激了当地人，当课题组询问当地人怎么看待这些出去乞讨的村民时，他们的回答尽管令人吃惊，但是也说明了乞讨一直不断的原因："他们（乞讨者）都是聪明人。""乞讨、盖楼"成为当时一些乞讨者反复外出乞讨的重要原因，也助长了村民不劳而获的风气，这为包括牛红村在内的坦玛乡发展历史中留下了不光彩的一笔。据相关资料显示，坦玛乡曾经有专业乞讨家庭 43 户，牛红村占 20 多户。因此，牛红村是整个乡乞讨最严重的地方。

① 木仓子：《新坦玛新希望》，《红河日报》2015 年 05 月 27 日（第 4 版）。

村民集体外出乞讨，让政府伤透了脑筋。当地政府早在 20 世纪 90 年代就采取了各种措施制止外出乞讨，诸如劝返村民、制定各种规章制度制止村民组织儿童外出乞讨的行为（见图 2-3）。但这些都是治标不治本，若不解决村民的就业、生活、生存问题，改变村民的观念，劝返的村民仍旧会走上行乞路。

图 2-3　2012 年垤玛乡党委书记和垤玛乡中学校长立下的责任书

（牛红村委会成员拍摄，时间：2012 年 3 月，地点：牛红村）

但是，现实生活就是这样充满吊诡。牛红村的脱贫之路正是从乞讨被曝光以后开始。乞讨曝光引起社会各界的关注，加上垤玛乡自身的努力，乡村面貌发生了真正的变化。正如时任红河县委书记所说的那样："没有外部打拐，垤玛未必会有如此大变化。"

垤玛乡的乞讨与贫穷引起了国家、云南省和红河州的重视，于是投资近 8000 万元的一场扶贫攻坚战在垤玛乡打响了。利用这笔钱，垤玛乡完成了土地整理等大量的基础设施建设，实现了通水通路。时任垤玛乡党委书记李文勇与干部们一起研究出了"五个一"的工作方法：一顶草帽、一个水壶、一个背包、一把锄头、一个笔记本。工作站的工作人员随身携带这5样东西住在村里，与村民一起生活、劳动，帮助生产。垤玛乡现任乡长周绕斌，当时就在牛红村担任工作站站长，他与牛红村村民吃在一起，住在一起，对每个经济有困难的家庭进行了摸底调查，有针对性地进行帮扶。牛红村山多田少，乡政府就因地制宜，鼓励村民分别种植苹果、杉树、核桃。只要村里人愿意种，政府就免费提供苗木给村民。当年就种植了杉树、核桃、苹果等1100多亩。此外，政府还帮助村民利用冬闲田养鱼，改造菜园子，培训村民的种植养殖技术，帮助村民脱贫致富。

不幸的是，2014年1月15日，已经调任红河州发展和改革委员会副主任的李文勇在办公室走完了他生命的最后一程，时年38岁。他创建的党员服务队现在仍然活跃在垤玛乡公共服务的第一线。牛红村村民朱阿毛说："开始时觉得他也就是装装样子，谁知道这一干就是五年。"直到课题组在2017年到垤玛乡进行调研时，李文勇留下来的工作传统依然在，可以说牛红村扶贫的基础就是在那时候打下的，也为后面精准扶贫的实施开了好头。

第三节　十八大以来牛红村的脱贫历程

自从十八大（2012 年）开始综合扶贫以来，牛红村的经济社会发展迈上"快车道"。埕玛乡政府利用扶贫资金对埕玛乡政府至牛红村委会的路施行硬化改造，村民们再也不用踩着泥巴进出村庄了。而更多的村民在政府的组织下外出务工，村民们的收入增加了，村民们都送孩子上学读书了。牛红村发生了巨大变化。

同时，埕玛乡还深入开展社会治安综合治理、"平安埕玛"建设及"六五"普法和"四五"依法治乡工作，扎实开展校园及周边环境整治，推进禁毒和防艾工作。埕玛乡加强综治维稳队伍建设，成立治保会组织 7 个共 43 人，建立群防群治义务巡逻队 1 个，有 25 名成员。2014 年，全乡共开展矛盾纠纷排查 109 起，化解 103 起，化解率为 95%。2014 年埕玛村委会作为全州"6995"信息化平台创建试点村开展了创建工作。埕玛乡 6 个村委会，每个村委会里都设有"6995"接警中心，该中心每天有值班人员值班。2015 上半年，埕玛乡"6995"接警中心共接警 186 个，"6885"互助电话 144 个。①

在埕玛乡综合扶贫项目实施期间，牛红村在交通、水利、中低产改造、教育、产业发展、基层文化建设、科技培训等方面比以前有明显改善。但因牛红村贫困程度很

---

① 埕玛乡政府：《黑树林地区（埕玛乡）民族团结进步示范创建的各项工作作简要汇报》。

深，底子较薄，贫困落后的面貌未能彻底改变。牛红村所辖的自然村分布比较分散，项目建设未能全部辐射，特别是女果、勐脚、格脚、龙曲四个自然村，基础设施严重滞后，村内没有一座卫生公厕、晴天一身灰、雨天一身泥的村庄面貌一直未能改变。

2013年，在红河县扶贫办的积极协调、帮扶下，牛红村的4个自然村得到了建设实施"整村推进"项目，分别是。

（1）女果村项目点共投入25万元（其中：投入帮扶整村推进资金10万元，群众投工投劳15万元）实施进村道路硬化500米，村内道路硬化800米，硬化活动广场1块300平方米。

（2）勐脚村项目点共投入35万元（其中：投入帮扶整村推进资金15万元，群众投工投劳20万元）实施进村道路硬化1000米，建卫生公厕2座。

（3）格脚、龙曲项目点共投入70万元（其中：投入帮扶整村推进资金45万元，群众筹资15万元，群众投工投劳10万元）实施进村道路硬化800米，建设卫生公厕2座、篮球场1块、活动室1座2层。项目建设共投入资金130万元，其中：帮扶资金75万元，群众筹资15万元，群众投工投劳40万元。

2015年末，牛红村经济总收入800万元，年人均总收入3561元，除去政策性惠农收入和高物价成本后，人均纯收入2350元。2015年，全村粮食作物播种面积3000亩，粮食产量700000公斤，农民人均有粮180公斤；冬荞800亩；黄豆150亩；葛根100亩；茶叶1300亩；板蓝根900

亩；三七1500亩。大牲畜存2500头，出栏1000头；其中，生猪存栏15000头、出栏10000头，羊存栏500只、出栏350只。目前，较有优势的特色产业的种植面积为：茶叶1300亩，板蓝根900亩，草果1120亩，三七1500亩，桑葚350亩。自综合扶贫以来，牛红村的经济发展又上一个台阶。

牛红村自实施综合扶贫以来，农户的家庭生活水平已经有很大改善，村民的吃饭问题已基本解决，过去"乞讨要饭"的现象已不存在。在69名有效被访者中，67人回答2015年没有挨饿的情况发生，占97.1%；另有2人出现挨饿的情况，占2.9%。当农户出现挨饿的情况时，村委会会及时了解情况，给他们送去粮食，详情见表2-1。

表2-1　2015年你家有没有挨饿的情况

单位：人，%

挨饿情况	频数	百分比	有效百分比	累计百分比
没有	67	93.1	97.1	97.1
小于7天	1	1.4	1.4	98.6
7~14天	1	1.4	1.4	100.0
小计	69	95.8	—	—
系统缺失	3	4.2	—	—
合计	72	100.0		

资料来源：精准扶贫精准脱贫百村调研牛红村调研。

调研进行的2017年，牛红村全村有1所村完小，2所自然村小学，教师19人，在校学生共460人，学前班学生45个；村级卫生室1个，村医生2名。

第三章

牛红村致贫原因

牛红村是个贫困面广、贫困程度深的村庄。人多地少、土地产出有限是牛红村农户贫困的最主要原因，农民们无法依靠土地生存，因此牛红村农户摆脱贫困的现实选择就是离开土地，到外面去赚取非农收入。无怪乎垤玛乡乡长周绕斌说：垤玛乡最大的产业是外出务工。外出务工后的牛红村村民们的收入比从前有了翻天覆地的变化，乡长说：（垤玛乡）全乡 17000 多人，每年从外面汇回来的钱有 3000 万元，乡财政收入一年最多只有 30 万。可以说，外出务工使村民们基本摆脱了贫困，但是牛红村奉行的哈尼族传统的生活观念，让村民们务工的收入很多又在各种宴请和丧葬礼仪中耗尽了。

第一节 牛红村农户的家庭收支情况

一 牛红村农户的各类收入

对牛红村民收入的询问，我们分别问了：存款，2015年劳动收入，2016年家庭总收入，低保等其他收入和村民收入满意度五项。调查结果显示，非农收入是牛红村村民主要的现金来源，几乎所有农户都报自家没有存款。

（一）"消失"的存款

埕玛乡的第一大产业是"外出务工"，埕玛乡17000多人，每逢春节通过农村信用合作社寄回埕玛乡的钱有3000多万元，但是在问到每一户的家庭存款时，除了1个农户告诉课题组他家有存款之外，其他的被访者均告诉课题组家里一分钱存款也没有，即使家中有人外出务工的，被访者也一口咬定"没有拿回来钱"。不可否认，他们的回答基本反映了牛红村的贫困现状。但绝对多数农户回答"一分钱存款也没有"就值得怀疑了，这可能与精准扶贫政策下部分村民变得"聪明"有关。政府这些年对农民进行真金白银的扶持政策，使许多非贫困户想当贫困户，他们不愿意让外人知道家里的实际情况。在腊约村，调研组曾对一户农家的女主人进行了访谈，她告诉我们："我老公出去打工了……在昆明修路，他也拿不回什么钱来……我在家带小孩，公公婆婆出去干农活，家里没有收入。"但是据同村人讲，他们家的情况在村里算可以的，因为他老公在外面修路。这种案例在调研过程中比比皆是，反映了测算农民实际收入是困难的。但是这种情况也值得我们反思，国家在农村实施的扶贫从另一个意义上讲，变成了农村的"资源"。扶贫似乎是从天而降的"资源"，农民们是非常想得到的，而获得这个"资源"的前提便是"贫穷"。在这种情况下，农民是"理性"的：如果贫穷可以获得资源，那么装穷便是最好的选择。

（二）微薄的劳动收入

抽样调查的数据显示，牛红村被访者 2015 年的劳动收入平均为 3595.7 元，其中，农业经营收入 880.9 元，非农业经营收入 166.0 元。最少的一户 500 元，最多的一户6000 元，详情见表 3-1。

表 3-1　牛红村被访者 2015 年劳动收入统计

单位：人，元

牛红村村民的收入	样本	极小值	极大值	均值
2015 年劳动总收入	47	500	6000	3595.7
农业经营收入	47	0	4000	880.9
非农业经营收入	47	0	1000	166.0
工资性收入	47	0	0	0
有效的样本	47	—	—	—

资料来源：精准扶贫精准脱贫百村调研牛红村调研。

抽样调查显示，牛红村 2016 年户均年收入为 8688.4元，即使按照户均 4 口人来计算，牛红村的人均收入只

有 2172 元。牛红村的被访者 2016 年的家庭纯收入最小值
2000 元, 最大值为 76000 元。其中, 农业经营收入最大值
7500 元, 均值 1110.5 元; 非农业经营收入最大值 10000
元, 均值是 208.5 元; 工资性收入最大值为 60000 元, 均
值为 1816.9 元, 详见表 3-2。

表 3-2　牛红村被访者 2016 年家庭收入统计

单位: 人, 元

收入与支出	样本	极小值	极大值	均值
2016 年家庭纯收入	71	2000	76000	8688.4
农业经营收入	67	0	7500	1110.5
非农业经营收入	71	0	10000	208.5
财产性收入	71	0	0	0.0
工资性收入	71	0	60000	1816.9
有效的样本	67			

资料来源: 精准扶贫精准脱贫百村调研牛红村调研。

从以上两组统计数字来看, 牛红村村民的收入大部分
是非农务工的收入, 农业收入在家庭收入中占比不高。

（三）政策性补贴收入

除了劳动收入以外, 这些年国家给予农民的政策性补
贴收入也是农民收入的重要组成部分。牛红村很多贫困户
在享受各种扶贫政策后, 家庭收入显著提高, 低保金收入
也成为部分贫困户家庭的一项重要收入。低保政策是政府
的兜底扶贫政策, 因此低保金可以视为家庭收入。在 71
位被访者中（1 位系统缺失）, 有 46 位被访者没有低保金
收入, 剩余 25 位被访者表示有低保金收入, 最少的 50 元,
最多的 3480 元, 详见表 3-3。

表 3-3　牛红村被访者 2016 年低保金收入频数分布

低保金收入（元）	频率（人）	百分比（%）	有效百分比（%）	累计百分比（%）
0	46	63.9	64.8	64.8
50	1	1.4	1.4	66.2
100	1	1.4	1.4	67.6
200	5	6.9	7.0	74.6
300	8	11.1	11.3	85.9
500	3	4.2	4.2	90.1
574	1	1.4	1.4	91.5
800	1	1.4	1.4	93.0
1000	2	2.8	2.8	95.8
2880	2	2.8	2.8	98.6
3480	1	1.4	1.4	100.0
小计	71	98.6	100.0	
系统缺失	1	1.4		
合计	72	100.0		

资料来源：精准扶贫精准脱贫百村调研牛红村调研。

　　家庭收入的政策性收入中，除了低保金以外，还包括养老金、计生奖励金、生态补偿金等。被访者中，有 16 位被访者表示有"养老金、离退休金收入"。最少的有 250 元，最多的有 1920 元，详见表 3-4。

表 3-4　牛红村被访者 2016 年养老金、离退休金收入频数分布

养老金、离退休金收入（元）	频数（人）	百分比（%）	有效百分比（%）	累计百分比（%）
0	54	75.0	77.1	77.1
250	1	1.4	1.4	78.6
500	7	9.7	10.0	88.6
600	3	4.2	4.3	92.9
800	1	1.4	1.4	94.3
960	1	1.4	1.4	95.7
1440	1	1.4	1.4	97.1
1920	2	2.8	2.9	100.0
小计	70	97.2	100.0	
系统缺失	2	2.8		
合计	72	100.0		

资料来源：精准扶贫精准脱贫百村调研牛红村调研。

　　稳定性的补贴收入（如退耕还林还草补偿款、生态林补贴、农业综合补贴等）是国家、单位、社会团体对贫困

家庭的各种转移支付和居民家庭间的收入转移，该部分收入是计入家庭人均纯收入的项目。牛红村被访者中有 17 位村民享受到了补贴性收入，最少的有 100 元，最多的有 500 元，详见表 3-5。

表 3-5　牛红村被访者 2016 年补贴收入频数

补贴收入（元）	频数（人）	百分比（%）	有效百分比（%）	累计百分比（%）
0	54	75.0	76.1	76.1
100	1	1.4	1.4	77.5
200	5	6.9	7.0	84.5
250	1	1.4	1.4	85.9
300	6	8.3	8.5	94.4
400	1	1.4	1.4	95.8
500	3	4.2	4.2	100.0
合计	71	97.2	100.0	
系统缺失	1	1.4		
合计	72	100.0		

资料来源：精准扶贫精准脱贫百村调研牛红村调研。

综合来看，牛红村的被访者中各类财产性收入"低保金收入"是最多的，平均有 248.8 元；其次是"养老金、离退休金收入"，平均有 179.9 元；报销医疗费有 56.3 元；补贴性收入平均有 79.6 元，详见表 3-6。

表 3-6　牛红村被访者 2016 年各类收入统计

单位：人，元

财产性收入	样本	极小值	极大值	均值
赡养性收入	71	0	0	0.0
低保金收入	71	0	3480	248.8
养老金、离退休金收入	70	0	1920	179.9
报销医疗费	71	0	2000	56.3
礼金收入	71	0	200	2.8
补贴性收入（救济、农业）	71	0	600	79.6
有效的样本	70			

资料来源：精准扶贫精准脱贫百村调研牛红村调研。

（四）其他收入

自农村推行新型农村医疗合作政策以来，村民只要每人每年交 10 元钱，就可以加入合作医疗，每年先由自己支付医疗费，年终时可得到按一定比例返回的返回款，这一举措极大地增强了农民抵御大病风险的能力。农村贫困人口通过基本医保、大病保险、医疗救助等综合补偿及定点医院减免后，剩余合规自付医药费个人支付仍有困难的，实行政府兜底保障，减轻或免除个人负担。2016 年，牛红村被访者中就有 2 位村民报销医药费，在所有被访者中比例为 2.8%，金额都是 2000 元。

农村作为熟人社会，人情支出是日常开支中必不可少的，这部分费用既是村民的负担也是村民的收入，人情往来的费用也是村民之间联系的重要纽带。牛红村村民红白喜事都会宴请宾客，有时还存在大操大办的情况，这使生活本就窘迫的低收入家庭更是雪上加霜，生活负担加重。此次抽样调查显示，被访者中 2016 年有礼金收入的只有 1人，且只有 200 元。但是经过对村民的访谈了解，该数据的可信度不高，这可能与村民不愿意让人知道家里的积蓄有关。

（五）牛红村村民的收入满意度

当问及村民"你觉得你们家 2016 年收入怎么样"时，牛红村 71 名有效被访者中，感觉自家收入"较低"的比例为 50.7%，"非常低"的比例为 25.4%，两者合计有

76.1%；觉得收入"一般"的比例只有23.9%。也就是说，绝大多数村民感觉自己的收入低，详见表3-7。

表3-7　牛红村被访者自评2016年家庭收入

单位：人，%

家庭收入	频数（人）	百分比（%）	有效百分比（%）	累计百分比（%）
一般	17	23.6	23.9	23.9
较低	36	50.0	50.7	74.6
非常低	18	25.0	25.4	100.0
小计	71	98.6	100.0	
系统缺失	1	1.4		
合计	72	100.0		

资料来源：精准扶贫精准脱贫百村调研牛红村调研。

牛红村的被访者对自己家庭收入的满意度也非常低。抽样数据显示，村民对自己家收入"不太满意"的比例为57.7%，"很不满意"的比例为12.7%，两者合计70.4%；村民对自己家收入感到"一般"的比例却只有26.8%；而村民对自己家收入感到"非常满意"和"比较满意"的比例合计只有2.8%，详见表3-8。

表3-8　牛红村被访者自述2016年家庭收入满意度

单位：人，%

收入满意度	频数	百分比	有效百分比	累计百分比
非常满意	1	1.4	1.4	1.4
比较满意	1	1.4	1.4	2.8
一般	19	26.4	26.8	29.6
不太满意	41	56.9	57.7	87.3
很不满意	9	12.5	12.7	100.0
小计	71	98.6	100.0	
系统缺失	1	1.4		
合计	72	100.0		

资料来源：精准扶贫精准脱贫百村调研牛红村调研。

二　牛红村农户的各类支出

（一）家庭生活消费支出

2016 年，对于牛红村的被访者来说，家庭总支出平均值为 4936.8 元，其中，教育支出是最大的支出，有 1361.7 元，这说明村民已经开始重视对子女的教育。第二大支出是食品支出，均值为 1070.0 元。排第三位的是报销后医疗总支出，均值为 911.3 元。第四大开支是合作医疗保险费，这笔开支的均值为 740.1 元，连同报销后医疗总支出，两者共计 1651.4 元。可见，医疗费用依然是村民的一笔不小的开支，在农村因病致贫的现象十分突出。最后，养老保险费的均值为 261.7 元，详情见表 3-9。

表 3-9　2016 年家庭生活消费总支出

单位：人，元

生活消费总支出	样本	极小值	极大值	和	均值
总支出	71	390	10000	350510	4936.8
食品支出	70	0	5000	74900	1070.0
报销后医疗总支出	71	0	30000	64700	911.3
教育总支出	70	0	20000	95320	1361.7
养老保险费	71	0	900	18580	261.7
合作医疗保险费	71	0	6000	52550	740.1
礼金支出	71	0	5000	29900	421.1
有效的样本	70				

资料来源：精准扶贫精准脱贫百村调研牛红村调研。

在牛红村 72 位被访者中，71 位被访者说自己家中没有存款，只有 1 位被访者家中有存款 150000 元。在实地调研过程中，调研组成员也发现牛红村村民们都说自己家里没有存款。课题组第一次在腊约村民小组进行调研的时候，曾经走访过一户人家，他们家的房子是危房，雨天一直在漏雨。当问及他们是否有存款修缮房屋时，女主人说："家里一分钱存款也没有，男人在外面打工，也拿不回来钱。"几个月后，当课题组第二次走访这户人家的时候，他们家正在盖新楼房，问及花了多少钱盖房子时，她回答：16 万元。这绝不是个案。类似这样的情况，调研组在调研过程中遇到很多。这一现象出现的原因，一是村民不愿意把自己的收入与存款告知一个陌生人，二是他们担心把家里的实际收入告知外人会影响他们成为建档立卡户。这给精准扶贫识别工作带来相当的难度。牛红村村委会主任朱阿毛告诉课题组：100% 的精准是做不到的，我们也不可能知道老百姓家里的存款。

（二）家庭生产和经营支出

牛红村的农户对于农业生产和经营的支出要比生活消费支出少很多。在牛红村 2016 年的家庭支出中，农业经营支出平均值为 601.5 元（而消费支出为 4936.8 元），其中，最少的为 0 元，最多的有 1 万元；非农业经营支出平均为 46.5 元，最少的 0 元，最多的 2000 元，详见表 3-10。

表 3-10　牛红村被访者 2016 年家庭经营支出统计

单位：人，元

支出	样本	极小值	极大值	均值
农业经营支出	68	0	10000	601.5
非农业经营支出	71	0	2000	46.5
有效的样本	68			

资料来源：精准扶贫精准脱贫百村调研牛红村调研。

从以上统计数据来看，牛红村农民的支出用于经营的非常少，教育和吃饭占去了大部分。农业生产和经营对于牛红村农户来说已经不是主要的生计来源，这也导致村民在农业上投入的资金非常少。

第二节　牛红村农户的土地和农业生产

在牛红村，村民传统的生计方式主要是水稻种植。农户平时散养一些猪、羊、牛等牲畜，这些成为家庭的重要现金收入来源。大多农户家里没有专门的猪圈、羊圈、牛棚等，牲畜一般是散养，数量不多，无法形成规模，因此依靠散养牲畜带来的收入也非常少。

综合扶贫以来，在政府的扶持下，牛红村人利用之前搁置的荒地发展茶叶、板蓝根、草果、桑葚等经济作物。政府对于农户在养殖资金、技术上的支持，也促进了牛红村农户猪、羊、牛等家禽的零散养殖业的发展，虽然还是零散养殖，但数量已经有了一定规模，这改变了牛红村传统的粮食种植生产格局。截至2015年末，牛红村的粮食作物种植面积达到3000亩，粮食产量70万公斤，人均粮食213公斤。另有茶叶1300亩，板蓝根900亩，三七1500亩，草果1120亩，桑葚350亩。大牲畜存栏2500头，出栏1000头，生

猪存栏 15000 头，出栏 10000 头，羊存栏 500 只，出
栏 350 只 [①]。

一 牛红村的土地

无论粮食生产还是经济作物种植，在牛红村都离不开
土地，即使牲畜养殖，农户也以天然草料、庄稼麦秆及少
量粮食为主。土地，对于牛红村农民仍有不可或缺的作用
和意义，即使新生代农民到城里打工的很多，但最终容纳
和养活他们的还是农村那片土地。抽样调查的数据显示，
牛红村的被访者人均"有效灌溉耕地自有面积"为 1.6
亩，"旱地自有面积"为 2.2 亩，"林地自有面积"为 0.9
亩。若从数字来看，牛红村人均耕地面积并不算少，但
这些耕地多为半山腰上的梯田和搁置的山坡荒田，只能
种植玉米和荞麦等辅食。牛红村村民的主要粮食生产土
地为人均 1.6 亩的有效灌溉耕地，收获的稻谷是村民的主
要粮食。

除自有耕地外，村民之间也有零星的土地流转，因此
村民在不同程度上拥有经营耕种的土地。抽样调查的数据
显示，被访者人均"有效灌溉耕地经营面积"约为 1.6 亩，
"旱地经营面积"约为 2.0 亩，"林地经营面积"为 0.9 亩
（详情见表 3—11）。从数字上看，村民经营的耕地与自有
耕地面积几乎相当，这可能与访谈过程中村民把二者混淆

① 以上数据来自牛红村村委会。

甚至等同起来有关。在牛红村,确实有部分农户有偿转让耕地给他人耕作,但大多数农民珍惜自己的耕地。耕地,尤其是有效灌溉耕地,基本是不会流转的。

表3-11 牛红村耕种土地情况

单位:人,亩

土地面积	样本	极小值	极大值	和	均值
有效灌溉耕地自有面积	68	0.6	6.0	109.2	1.6
有效灌溉耕地经营面积	70	0.0	7.0	111.9	1.6
旱地自有面积	70	0.0	10.0	155.1	2.2
旱地经营面积	70	0.0	10.0	139.2	2.0
园地自有面积	70	0.0	1.0	1.0	0.0
园地经营面积	70	0.0	1.0	1.0	0.0
林地自有面积	70	0.0	10.0	62.5	0.9
林地经营面积	70	0.0	10.0	60.5	0.9
有效的样本	68				

资料来源:精准扶贫精准脱贫百村调研牛红村调研。

有效灌溉耕地,即村民俗称的水田,是牛红村家庭最主要的耕地和财产,通常只有儿子才能继承。牛红村平均每人拥有的有效灌溉耕地自有面积是1.6亩,所生产的稻谷勉强能满足家庭成员的食用。但水田数量的分配,每个人是不一样的,最多的有6亩,最少的只有0.6亩,相差比较大。据牛红村人讲,村民承包土地的亩数原本相差不大,但20世纪末国家出台政策规定农民承包地30年不变(后又再延长30年),之后子女分家、姑娘外嫁、读书升学等原因,耕地进行了合并和重新分割,因此家庭如今拥有耕地的面积变得悬殊。尽管如此,牛红村人拥有的有效灌溉耕地自有面积基本在1~2亩:

29.2% 的被访者拥有 1 亩水田，16.7% 的被访者拥有 1.5 亩水田，26.4% 的被访者拥有 2 亩水田。

近几年，牛红村外出务工的人员日益增多，且多为农户中的青壮劳动力，家里的耕地留给老人耕种，于是部分农民索性把耕地有偿转让给他人耕作，这促进了农村土地的流转。土地流转使土地相对集中，有利于规模种植和结构调整。牛红村本来就人多地少，留守的村民通过租种土地扩大了种植面积，在某种程度上解决了当地的人地需求矛盾。课题组访谈中，有几户村民也讲到自家租别人土地耕种之事。抽样调查的结果显示，32.9% 的被访者的有效灌溉经营面积是 1 亩地，20% 的被访者的有效灌溉经营面积是 1.5 亩地，20% 的被访者的有效灌溉经营面积是 2 亩地（详见表 3-12）。这里的数字是需要结合实际情况进行理解的，课题组了解到村民对于"经营"土地的概念理解差异很大，比如很多村民认为他放牛的土地就是在"经营"，有人理解租种了别人的土地才是"经营"。

所处的地理位置决定了该村的耕地不可能都是能有效灌溉的耕地，牛红村还有大片旱地，人均"旱地经营面积"可以达到 2.2 亩，较有效灌溉的耕地人均面积高出许多。村民自有旱地面积最多有 10 亩，最少的是 0 亩，差距也比较大。其中，17.1% 的被访者拥有 1 亩旱地，21.4% 的被访者拥有 1.5 亩旱地，22.9% 的被访者拥有 2 亩旱地，三者合计达到 61.4%。亦即，被访者拥有的旱地面积普遍在 1~2 亩，详情见表 3-13。

表 3-12　牛红村有效灌溉耕地经营面积频数分布

土地面积（亩）	频数（人）	百分比（%）	有效百分比（%）	累计百分比（%）
0.0	1	1.4	1.4	1.4
0.6	3	4.2	4.3	5.7
0.7	3	4.2	4.3	10.0
0.8	1	1.4	1.4	11.4
0.9	1	1.4	1.4	12.9
1.0	23	31.9	32.9	45.7
1.2	1	1.4	1.4	47.1
1.5	14	19.4	20.0	67.1
1.6	1	1.4	1.4	68.6
2.0	14	19.4	20.0	88.6
3.0	5	6.9	7.1	95.7
3.5	1	1.4	1.4	97.1
6.0	1	1.4	1.4	98.6
7.0	1	1.4	1.4	100.0
小计	70	97.2	100.0	
系统缺失	2	2.8		
合计	72	100.0		

资料来源：精准扶贫精准脱贫百村调研牛红村调研。

表 3-13　牛红村民旱地自有面积频数分布

土地面积（亩）	频数（人）	百分比（%）	有效百分比（%）	累计百分比（%）
0.0	3	4.2	4.3	4.3
0.5	1	1.4	1.4	5.7
0.6	1	1.4	1.4	7.1
1.0	12	16.7	17.1	24.3
1.5	15	20.8	21.4	45.7
2.0	16	22.2	22.9	68.6
2.5	3	4.2	4.3	72.9
3.0	10	13.9	14.3	87.1
4.0	5	6.9	7.1	94.3
5.0	2	2.8	2.9	97.1
10.0	2	2.8	2.9	100.0
小计	70	97.2	100.0	
系统缺失	2	2.8		
合计	72	100.0		

资料来源：精准扶贫精准脱贫百村调研牛红村调研。

与有效灌溉耕地（水田）相比，耕种旱地的收成就少许多，因而外出务工的村民把旱田有偿转让给他人耕作的情况比较多。当下，牛红村流转的土地主要是旱地，部分旱地甚至因没有人愿意经营而被闲置。抽样调研的数据显示：18.6%的被访者经营的旱地面积为1亩，21.4%的被访者经营的旱地面积为1.5亩，25.7%的被访者经营的旱地面积为2亩，10%的被访者经营的旱地面积为3亩地，详情见表3-14。这组数据能反映牛红村土地流转的客观事实。

表3-14　旱地经营面积

土地面积（亩）	频数（人）	百分比（%）	有效百分比（%）	累计百分比（%）
0.0	4	5.6	5.7	5.7
0.5	1	1.4	1.4	7.1
0.6	2	2.8	2.9	10.0
1.0	13	18.1	18.6	28.6
1.5	15	20.8	21.4	50.0
2.0	18	25.0	25.7	75.7
2.5	2	2.8	2.9	78.6
3.0	7	9.7	10.0	88.6
4.0	5	6.9	7.1	95.7
5.0	2	2.8	2.9	98.6
10.0	1	1.4	1.4	100.0
小计	70	97.2	100.0	
系统缺失	2	2.8		
合计	72	100.0		

资料来源：精准扶贫精准脱贫百村调研牛红村调研。

　　牛红村很少有专门种植瓜蔬花果的田地，村民食用的蔬菜部分杂种在自家的旱地里，部分是从山上或田间采摘回来的。牛红村的被访者中，拥有自有园地的比例

非常少，在 72 位被访者中只有 1 位拥有园地，面积为
1 亩。

　　牛红村历史上林木茂密，后因毁林开荒及砍柴做饭，
林地面积缩减，耕地面积增加，故村民少有林地，70%
的被访者没有"自有林地"。被访者中拥有林地的村民，
其面积多只有 1~3 亩，少数被访者表示林地自有面积有
10 亩，详情见表 3-15。

表 3-15　牛红村林地自有面积频数分布

土地面积（亩）	频数（人）	百分比（%）	有效百分比（%）	累计百分比（%）
0.0	49	68.1	70.0	70.0
0.5	3	4.2	4.3	74.3
1.0	4	5.6	5.7	80.0
1.5	2	2.8	2.9	82.9
2.0	5	6.9	7.1	90.0
3.0	3	4.2	4.3	94.3
5.0	1	1.4	1.4	95.7
10.0	3	4.2	4.3	100.0
小计	70	97.2	100.0	
系统缺失	2	2.8		
合计	72	100.0		

资料来源：精准扶贫精准脱贫百村调研牛红村调研。

　　牛红村农户的林地本来就不多，而且是粗放管理，不
需花费太多时间与精力，故拥有林地的村民一般不会把林
地租给别人。表 3-16 显示，71.4% 的被访者没有承租别
人的林地进行经营，这个数值与 70% 的被访者没有"自有
林地"基本一致。

表3-16 林地经营面积

土地面积（亩）	频数（人）	百分比（%）	有效百分比（%）	累计百分比（%）
0.0	50	69.4	71.4	71.4
0.5	3	4.2	4.3	75.7
1.0	4	5.6	5.7	81.4
1.5	2	2.8	2.9	84.3
2.0	4	5.6	5.7	90.0
3.0	3	4.2	4.3	94.3
5.0	1	1.4	1.4	95.7
10.0	3	4.2	4.3	100.0
小计	70	97.2	100.0	
系统缺失	2	2.8		
合计	72	100.0		

资料来源：精准扶贫精准脱贫百村调研牛红村调研。

　　牛红村的15个村民小组都是典型的哈尼族村寨，寨子坐落在半山腰，村民会在半坡的林间种植经济作物以增加收入。草果就是村民经常在山上种植的一种比较贵重的香料，草果出售带来的现金收入是农户重要的收入来源。最近几年在当地政府的鼓励下，种植草果的农户越来越多，因为种植草果的过程非常简单，只要除一下树林下杂草即可，不需要耗费太多的劳动力。至于种植草果的这片山地的归属权，村民们说不清楚，总之村民们可以免费使用。

　　腊约村民小组的李阿福是村子里最早种植草果的人，他目前在山坡上种草果，至于这块山地是谁的，他也说不清楚。草果对家庭收入是有贡献的，每年收入有2000元，但是只能作为生活补贴，最主要的收入来源还是外出务工。

精准扶贫精准脱贫百村调研·牛红村卷

052

种草果的山林应该是共有的地。瑶族那边种得比较多，我就尝试种一下。种草果成本比较高，去年因为下雪收入就不太高，今年可能相对会高一点。种草果不用费太多功夫，砍一下下边的那些小草就可以了。……村里以前就只有我家种，现在种的人慢慢多了。……草果自己烤干，会有人来收购。（草果）种在树底下，树是国家的，香料是自己的。只要你家有人，想种多少种多少。……我家的农业收入就靠这个草果了，草果每年的收入不一样，基本就一千两千多元。家庭最主要的收入是外出务工，不去务工都没有钱盖房子。

二 牛红村的农业生产与农业风险

农业是牛红村的基础产业，其重要性是不言而喻的。但农业生产依然是靠天吃饭，在农业生产过程中面临着许多不可预测的风险，最常见的是市场风险与自然风险。

市场风险，是指农产品供求失衡导致的价格波动。常言的"谷贱伤农"就是农业市场风险的一种表现。亦即粮食获得丰收不仅不能使农民从中获益，反而会因为粮食价格的下降而导致收入降低。在牛红村不存在"农业产品难卖的问题"，因为牛红村主要的农作物就是红米，牛红村贫穷的原因之一就是红米的产量太低，平均每亩地的年产量只有 500~600 市斤。因此，牛红村家庭拥有的土地种出的红米不够自己食用，村民还要去外面购置粮食，所以牛红村不存在农产品难卖的问题。

牛红村的地理和气候条件，气象、地质、生态灾害常有发生，其中尤以气象灾害居多，如洪涝、干旱、低温灾害等。最近一次较大的自然灾害就是 2007 年 7 月 13 日爆发的洪涝灾害，大片良田被淹，粮食大面积减产。其他年份，红河县垤玛乡也会遭遇不同程度的自然灾害，农业生产受到一定影响。2015 年，牛红村气候较反常，干旱、水涝都有发生，直接影响农民的农业收成。抽样调查的数据也显示，72 位被访者中有 59 位（81.9%）被访者家中的农业生产遭受自然灾害侵袭，稻谷与玉米等粮食减产。此外，村民们种植的林下经济作物，比如三七、草果等也遭受了损害。三七、草果等经济作物是村民们的重要现金收入来源之一，但这些经济作物完全依靠自然灌溉，因此它们的收成受到自然条件的极大制约。2015 年整个垤玛乡自然气候波动大，这些经济作物的产量达不到村民们的预期。

牛红村的 15 个村民小组都是以家庭为单位的小规模种植为主，因此自然灾害对家庭的打击非常大。村民2015 年农业产品损失金额最少损失 300 元，最多损失达到 3000 元，均值为 966.1 元。

若从频数分布来看，2015 年农业产品因自然灾害而损失的金额介于 300~3000 元，其中 50.8% 的被访者损失金额为 1000 元，30.5% 的被访者损失金额为 500 元（详见表 3-17）。牛红村粮食产量本来就低，一遇自然灾害粮食就不够吃。2015年农业产品因自然灾害减产，这无疑使他们本已贫困的生活雪上加霜。

表3-17　2015年农业产品因自然灾害而损失金额

损失金额（元）	频数（人）	百分比（%）	有效百分比（%）	累计百分比（%）
300	1	1.4	1.7	1.7
400	1	1.4	1.7	3.4
500	18	25.0	30.5	33.9
800	1	1.4	1.7	35.6
1000	30	41.7	50.8	86.4
1500	1	1.4	1.7	88.1
2000	6	8.3	10.2	98.3
3000	1	1.4	1.7	100.0
小计	59	81.9	100.0	
系统缺失	13	18.1		
合计	72	100.0		

资料来源：精准扶贫精准脱贫百村调研牛红村调研。

第三节　牛红村的贫困现状与致贫原因

　　牛红村的村民小组居住分散，因此不论是实施移民搬迁，还是进行基础设施建设、公共服务改善，成本都很高。自综合扶贫开发以来，牛红村取得了过去从未有过的成就，但是目前仍面临很多困境。

一　牛红村的贫困现状

（一）贫困面大，贫困程度深

由于牛红村的地理环境特殊，多年来与外部世界的经济联系甚少，因此社会发育程度低，奉行的生产生活方式和习俗仍然非常落后，目前人畜混居的比例达到80%以上。按照2015年2300元的国家扶贫标准，全村尚有贫困人口1834人（总人口3280人）。贫困面大、贫困程度深仍然是牛红村的主要村情，精准扶贫的任务十分艰巨。

（二）基础设施建设滞后

牛红村的基础设施建设十分落后，直到2009年才通电，2012年的通村公路才做了硬化，尽管近年来牛红村大力实施水、电、路等基础设施，但由于地形复杂，地势陡峭，修路成本较高，至今仍有2个村民小组的道路未硬化。垤玛乡通往213国道的28公里道路依然是泥路。这条路是进出牛红村乃至垤玛乡的必经之路，这条路是制约牛红村发展的关键。

（三）社会各项事业发展落后

牛红村是哈尼族村落，哈尼族长期以来对教育并不十分重视，尽管这种情况近年来已经有所改变，但是长期以来的教育基础设施差、师资力量严重不足仍然是牛红村发展的障碍。长期以来，牛红村人连温饱都难以解决，就更不关心子女的教育问题了，导致大量适龄儿童因生活贫困无法入学或辍学，村民的文化水平短时期内难有较大提升。因地处山区，牛红村通信设施差，广播电视辐射范围小，信息闭塞，政府部门的上情下达、下情上报也存在困难。牛红村的农村医疗条件差，设备陈旧不足，缺医少药，造成村民就医困难、小病拖成大病，人民群众的身心健康得不到充分保障，因病致贫、因病返贫现象依然存在。牛红村村民的思想观念落后，多子多福、重男轻女传统意识根深蒂固，于是越生越穷、越穷越生的恶性循环尚未根本扭转，人口过快增长的势头未能得到有效遏制，所以人口、环境、社会的协调问题尚待理顺。

（四）产业结构调整步履维艰，难以形成经济支柱

牛红村村民从事的只有农业和简单的养殖业，而这些生产都以温饱为目标，不仅难赚到钱，有时还会赔钱。近年来，在县、乡各级党委政府的关心下，牛红村逐渐形成以畜牧业、茶叶、核桃、草果为主的产业。农民虽在这些产业上花了钱、付出劳动，但是收入却未大幅度增加。为什么？一则，受交通、信息、资金、市场及见效期长短不一等多种因素的制约；二则，村里缺少懂政策、会经营的人。因此靠农民个体进行生产经营，短期内难以达到致富的效果。

（五）劳动力外流，留存人口不能适应农业产业化的要求

牛红村有一定文化基础和劳动技能的青壮劳动力都外出打工了，据村委会估计，外出务工人口占全村的60%。

留守村中的大部分是老、弱、病、残、妇、幼，村长戏称为"613899部队"。这部分人思想观念陈旧，习惯于传统农业，对现代农业接受程度低。而现代农业不再是原来种种地、养养鸡就行了。目前，牛红村效益农业虽有所发展，但规模较小，技术含量不高，而且随着扶持效益农业的补助资金减少，效益农业发展的步伐将会减慢，劳动力大量外流严重影响了牛红村农业产业化的进一步提升。

（六）社会不稳定因素影响经济发展

牛红村所在的垤玛乡，属于"黑树林"地区。村民们时常因山林水土与元江县因远镇群众发生纠纷，不仅丧失了很多发展机遇，也给当地经济发展和社会稳定造成了一定影响，致使垤玛乡在较长时期内发展缓慢，甚至停滞不前。近年来，牛红村与外界虽然没有发生过大的纠纷，但因山林、水利、地界、产业开发而存在大的纠纷隐患，因而当地党委、政府的很多精力投入到调解群众纠纷和协调邻乡关系的工作中，影响经济发展。

二 牛红村的致贫原因分析

（一）牛红村农户自述致贫原因

调研中课题组发现牛红村村民贫困原因主要有劳动力

不足、农村基础设施薄弱、资金技术缺乏等。但抽样调查的数据显示，村民们对最主要的致贫原因做单项选择时，认为最主要的原因是"缺资金"的比例为53.8%，"缺劳力"的占比9.2%，"缺技术"的占比9.2%，认为"交通条件落后"的只占3.1%，这个比例与"生病"致贫的比例是一样的（详情见表3-18）。

村民普遍认为"缺资金"是最主要的致贫原因，村民们对于自己的脱贫方法有明确的想法，在课题组访问的几户建档立卡户里，几乎所有村民的脱贫计划都是想要更多的资金，用于养猪、养牛、养鱼。村民从自己的生活经验出发制定脱贫计划，他们的计划非常务实，但是似乎又十分"短视"。乡长周绕斌告诉我：村民们只管养，从来不考虑销路，养三头两头没问题，但是养多了并不一定能多赚钱。现阶段，农民早已不再缴纳农业税，政府对农民种粮、购买农机等也给予财政补贴，这些举措对农民生活改善有帮助，但是难以满足农村家庭生产积累的需求，于是农民都渴望有资金进行经营性投资，这也是被访者普遍认为"缺资金"是最主要的致贫原因的原因。

表3-18　牛红村被访者自述最主要致贫原因统计

单位：人，%

致贫原因	频数	百分比	有效百分比	累计百分比
生病	2	2.8	3.1	3.1
残疾	4	5.6	6.2	9.2
上学	4	5.6	6.2	15.4
缺技术	6	8.3	9.2	24.6
缺劳力	6	8.3	9.2	33.8
缺资金	35	48.6	53.8	87.7

致贫原因	频数	百分比	有效百分比	累计百分比
交通条件落后	2	2.8	3.1	90.8
自身发展动力不足	6	8.3	9.2	100.0
小计	65	90.3	100.0	
系统缺失	7	9.7		
合计	72	100.0		

资料来源：精准扶贫精准脱贫百村调研牛红村调研。

村民们对致贫原因进行多项选择时，致贫原因跟单项选择时的结果基本一致，详见表3-19。"缺资金"占比21.1%，"缺技术"占比18.5%，"缺劳力"占比18.1%。但不同的是，"交通条件落后"致贫原因上升至18.5%，比单项选择时高出许多。垤玛乡政府认为，薄弱的基础设施才是牛红村当下脱贫与未来发展的桎梏。交通设施落后导致与外界联系困难，生产物资运不进来，产品运不出去，限制了市场范围的扩展。通信设施不足，又导致信息瓶颈，村民难以获得市场、产品、技术等信息。

此外，"生病"（3.3%）与"上学"（4.4%）也是部分村民致贫的原因。牛红村村民中长期生病或重大疾病患者，不仅不能通过劳动获得收入，而且要承担高额的医疗费用，治疗费用就成了这些农户的沉重负担。近些年，牛红村人开始关注子女的教育，村民中也有因供养子女读书而致贫的，子女毕业就业后这类贫困户一般能摆脱贫困。垤玛乡政府也制订了相应的"教育脱贫"计划，陪同课题组一起调研的副乡长朱阿福介绍说，一户出一个大学生，就能帮助一户脱贫。部分牛红村人也持类似的观点，大学毕业有了稳定的工作自然能改善家里的生活状况；即使外出务工，大学生的优势也是明显的。现在村子里翻盖新房、投资产业的也都是读过书的青年人。

表3-19　牛红村被访者自述致贫原因多项选择统计

单位：人，%

致贫原因	响应		个案百分比
	样本	百分比	
生病	9	3.3%	13.8%
残疾	5	1.9%	7.7%
上学	12	4.4%	18.5%
灾害	3	1.1%	4.6%
缺土地	3	1.1%	4.6%
缺水	2	0.7%	3.1%
缺技术	50	18.5%	76.9%
缺劳力	49	18.1%	75.4%
缺资金	57	21.1%	87.7%
交通条件落后	50	18.5%	76.9%
自身发展动力不足	30	11.1%	46.2%
总计	270	100.0%	415.4%

资料来源：精准扶贫精准脱贫百村调研牛红村调研。

（二）牛红村未来脱贫的主要制约

埕玛乡乡长周绕斌告诉课题组：牛红村在 2018 年全部脱贫的任务十分艰巨，保证脱贫群众不重返贫困，则是更大考验。他认为当下和将来一段时期内，制约牛红村脱贫和发展的因素主要集中在四个方面。

1. 道路、农田、水利等设施问题

牛红村村委会通村民小组公路 36.8 公里，其中硬化路面仅有 8.5 公里，晴通雨阻现象普遍存在；还有部分已硬化路段受损严重，通行能力差。牛红村辖区 60% 的田间水渠不相通，严重影响群众生产生活。

2. 产业结构问题

水稻仍是牛红村传统支柱产业，但是水稻种植逐年递减。水果、蔬菜、核桃、桑葚、茶叶等产业虽有所发展，但规模小、产业链短，群众增收困难。

3. 劳动者能力素质偏低

牛红村农户普遍受教育程度不高，初高中以上农户占比约 20%，因此接受先进农业种植、管理技术较为迟缓。大多农户采用的仍然是传统种植技术，高投入与低产出的矛盾影响农户增收。

4. 厚葬的风俗

垤玛乡通过政府主导的投资和支持帮助牛红村完善基础设施、调整种植的产业结构，甚至为农户的教育进行托底。但是除了以上三个方面，还有一个花费巨大的项目，就是每家每户都会遇到的葬礼花费。牛红村作为完全的哈尼族村落，盛行厚葬的风气。一个葬礼最少要花费 4 万~5 万元，用于买 4 头牛，多的要花费 20 万元。很多家庭是举债办葬礼，甚至很多中等收入农户在办葬礼之后就陷入贫困。因此，当地流传着"抬个老人穷三代"的说法，"抬老人"就是老人去世办葬礼的意思。

第四章

牛红村实施精准扶贫：五个一批

2015 年 10 月 16 日，国家主席习近平在减贫与发展高层论坛上首次提出"五个一批"的脱贫措施，为打通脱贫"最后一公里"开出破题药方。随后，"五个一批"的脱贫措施被写入《中共中央国务院关于打赢脱贫攻坚战的决定》，经中共中央政治局会议审议通过。"五个一批"分别为：发展生产脱贫一批、易地扶贫搬迁脱贫一批、生态补偿脱贫一批、发展教育脱贫一批、社会保障兜底一批。[①]自精准扶贫实施以来，牛红村将 415 户贫困户（1834 人）列入建档立卡户，并利用"五个一批"的扶贫手段进行帮扶。其中，发展生产脱贫的一批有 336 户 1470 人、通过

---

① 国务院新闻办公室，《精准扶贫的基本方略是六个精准五个一批》http：//www.scio.gov.cn/xwfbh/xwbfbh/wqfbh/2015/33909/zy33913/Document/1459277/1459277.htm。

易地搬迁脱贫的一批有 79 户 364 人、通过发展教育脱贫的一批有 20 户 61 人、通过社会保障兜底的一批有 57 户 273 人、通过生态补偿脱贫的一批有 23 户 80 人。表 4-1 列出了牛红村在 2016 年和 2017 年的脱贫计划。

表 4-1　牛红村脱贫计划

单位：户，人

地区	2016 年脱贫		2017 年建档立卡贫困户（未脱贫）		增加人员数	减少人员数			
	户数	人数	户数	人数		减少合计	死亡	分户	违规
牛红村村委会	10	36	377	1681	14	11	6		5

资料来源：精准扶贫精准脱贫百村调研牛红村调研。

第一节　发展生产与精准扶贫

牛红村委会根据村里建档立卡户的情况，为他们量身定制了农业发展计划，帮助建档立卡户在 2018 年脱贫。这些农业发展计划包括养殖业、种植业等项目，主要是通过发展短、平、快产业，推动 415 户贫困户在 2018 年内人均纯收入高于 2855 元。村委会除了带领大家种植茶叶、桑葚、板蓝根以外，还改造一些种植地，这些农业投资概算合计 357.9 万元，其中财政性投入 74.6 万元，群众自筹 283.3 万元，详见表 4-2。

表4-2 牛红村持续增收项目明细

项目名称	持续增收项目				投资概算（万元）		
	项目建设地	单位	建设规模	开工年份	财政投入	群众自筹	总投资
茶叶、桑葚、板蓝根种植地改造	15个村小组	亩	2080	2016年	74.6	283.3	357.9

资料来源：精准扶贫精准脱贫百村调研牛红村调研。

一 养殖业

牛红村的产业扶持计划包括利用当地资源帮助村民在原有基础上扩大养殖规模，见表4-3。

（一）养猪

牛红村采取集中饲养和示范户带动的方式帮助建档立卡户。2017年牛红村建立科学养殖示范小区15个，覆盖所有的415户贫困户。其中宗和小组示范区61户、牛红小组示范区27户、毕垤小组示范区21户、格脚小组示范区38户、勐脚小组示范区15户、龙曲小组示范区25户、贾东小组示范区35户、俄脚小组示范区7户、腊东小组示范区81户、洛玛小组示范区31户、威碑然小组示范区19户、腊约小组示范区13户、独家小组示范区7户、吼玛小组示范区21户、女果小组示范区14户。按每户养5头、投资2500万元计算，共投资103.8万元，其中财政性投入41.5万元，群众自筹62.3万元。每户每年可增加收入5000元，人均增收1131元。

（二）养鸡

牛红村带领村民采取生态放养的方式养鸡。2017 年培育养鸡大户示范户 36 户，其中宗和小组 3 户、牛红小组 3 户、毕垤小组 2 户、格脚小组 2 户、勐脚小组 2 户、龙曲小组 2 户、贾东小组 3 户、俄脚小组 1 户、腊东小组 5 户、洛玛小组 3 户、威碑然小组 2 户、腊约小组 2 户、独家小组 2 户、吼玛小组 2 户、女果小组 2 户。按每户养 20 只、投资 0.1 万元计算，概算投资 3.6 万元，其中财政性投入 0 万元，群众自筹 3.6 万元。

（三）养牛

牛红村利用村里的天然高山牧场阿尼山和洛玛后山帮助村民养牛。2018 年培育养牛专业示范户 36 户。其中宗和小组 3 户、牛红小组 3 户、毕垤小组 2 户、格脚小组 2 户、勐脚小组 2 户、龙曲小组 2 户、贾东小组 3 户、俄脚小组 1 户、腊东小组 5 户、洛玛小组 3 户、威碑然小组 2 户、腊约小组 2 户、独家小组 2 户、吼玛小组 2 户、女果小组 2 户。按每户养 5 头、投资 1 万元计算，概算投资 36 万元，其中财政性投入 1.8 万元，群众自筹 34.2 万元。

（四）养羊

牛红村在有天然高山牧场的宗和、吼玛、牛红、威碑然后山带领村民养羊。2018 年培育养羊专业示范户 36 户。其中宗和小组 3 户、牛红小组 3 户、毕垤小组 2 户、格脚小组 2 户、勐脚小组 2 户、龙曲小组 2 户、贾东小组 3 户、俄脚小组 1 户、腊东小组 5 户、洛玛小组 3 户、威碑然小组 2 户、腊约小组 2 户、独家小组 2 户、吼玛小组 2 户、女果小组 2 户。按每户养 5 头、投资 0.5 万元计算，概算投资 18 万元，其中财政性投入 1.1 万元，群众自筹 16.9 万元。

二　种植业

牛红村传统的经济作物是茶叶和板蓝根，在垤玛乡的市场上，经常设有茶叶交易市场，便于外面收购茶叶的商人集中采购，届时周围几个乡村的农户都会把茶叶带到市场上销售。牛红村帮助村民维护原有的茶叶园，以提高茶叶的产量和质量。除此以外，垤玛乡政府从外面引进了桑葚，带领村民在荒地上种植，并且联系好收购的公司，如此桑葚成熟以后销售就有了保障，农民增收有持续性。

（一）茶叶地改造

2017 年牛红村帮助村民改造茶叶种植地 290 亩。其中宗和小组 20 亩、牛红小组 20 亩、毕垤小组 10 亩、格脚小组 20 亩、勐脚小组 20 亩、龙曲小组 20 亩、贾东小组 30 亩、俄脚小组 5 亩、腊东小组 40 亩、洛玛小组 20 亩、威碑然小组 10 亩、腊约小组 10 亩、独家小组 5 亩、吼玛小组 30 亩、女果小组 30 亩。按每亩投资 0.1 万元计算，概算投资 29 万元，其中财政性投入 5.8 万元，群众自筹

23.2 万元。改造后 2017 年年产量可达 72.5 吨，按市场价平均每公斤 3 元计算，年销售收入 21.75 万元，可实现全村 638 户平均每户增加收入 341 元。

（二）板蓝根种植

2016 年在适宜种植板蓝根的全村区域内种植板蓝根 850 亩。其中宗和小组 30 亩、牛红小组 50 亩、毕垤小组 20 亩、格脚小组 100 亩、勐脚小组 100 亩、龙曲小组 100 亩、贾东小组 100 亩、俄脚小组 20 亩、腊东小组 150 亩、洛玛小组 100 亩、威碑然小组 10 亩、腊约小组 20 亩、独家小组 10 亩、吼玛小组 20 亩、女果小组 20 亩。按每亩投资 800 元计算，预计投资 68 万元，其中财政性投入 17 万元，群众自筹 51 万元。

（三）桑葚种植

垤玛乡政府带领全乡种植桑葚，2016 年在适宜种植桑葚的牛红村区域内种植桑葚 940 亩。其中宗和小组 50 亩、牛红小组 100 亩、毕垤小组 30 亩、格脚小组 50 亩、勐脚小组 50 亩、龙曲小组 50 亩、贾东小组 50 亩、俄脚小组 20 亩、腊东小组 150 亩、洛玛小组 100 亩、威碑然小组 30 亩、腊约小组 20 亩、独家小组 10 亩、吼玛小组 30 亩、女果小组 200 亩。按每亩投资 1500 元计算，概算投资 141 万元，其中财政性投入 28.2 万元，群众自筹 112.8 万元。

以上农村生产需要村民自己投入的资金，垤玛乡政府根据垤玛乡发展产业补助标准（2016 年 1 月 1 日起实施）给予补助。

表4-3 牛红村增收产业发展项目明细

增收产业发展项目					投资概算（万元）		
项目名称	项目建设地	单位	建设规模	开工年份	财政投入	群众自筹	总投资
猪	15个村民小组	头	2075	2016	41.5	62.3	103.8
鸡	15个村民小组	羽	720	2016	0	3.6	3.6
牛	15个村民小组	头	180	2016	1.8	34.2	36
羊	15个村民小组	只	180	2016	1.1	16.9	18
茶叶地改造	15个村民小组	亩	290	2016	5.8	23.2	29
板蓝根种植	15个村民小组	亩	850	2016	17	51	68
桑葚种植	15个村民小组	亩	940	2016	28.2	112.8	141
合计					95.4	304.0	399.4

资料来源：精准扶贫精准脱贫百村调研牛红村调研。

由乡政府相关站所组织验收实际的种植规模，验收合格后将补助资金打到贫困户的"一卡通"上。

从表4-3中可以看出，对于牛红村的农业产业扶贫，乡里和村委会制订了周详的计划，但是大部分资金仍然是村民自己筹集（总投资399.35万元，自筹303.97万元），财政的支持只是一小部分。垤玛乡乡长周绕斌认为，目前的产业帮扶使牛红村村民当前按照国家的标准脱贫是没有问题的，乡政府担忧的问题是以后农村经济的可持续发展问题。牛红村未来的发展仍然需要国家财力的大量投入才行，他认为：

（脱贫）国家的投入要跟上，仅靠基层是不行的。现在我们就做三大产业：焖锅酒、养殖业、桑葚，其他我们就不做了，我们的财力、物力、精力跟不上。中央说的"两不愁、三保障"[1]是可以实现的，不愁吃、不愁

第四章 —— 牛红村实施精准扶贫：五个一批

---

[1] "两不愁、三保障"具体指，扶贫对象不愁吃、不愁穿，义务教育、基本医疗和住房安全有保障。

穿，脱贫是没问题的。我们现在做基础的工作。教学有、住房有等工作我们都在大力做，我们的工作服务四通两点一保障，通水、通电、通信都有了，考核的点我们都有，脱贫以后小康怎么走？这是个问题。其实我觉得当前增加村民收入较好的途径就是外出务工。另外，公路状况差的问题，必须尽快解决。这里有的是青山绿水，路修好，旅游就会慢慢跟上。但现在看来，交通没有彻底改善之前，谈旅游是空的。……

埂玛乡政府针对牛红村各个自然村制订了详细计划，2017年重点项目建设计划（详见表4-4），内容具体到脱贫小组脱贫户数以及脱贫方式。

表4-4　2017年埂玛乡牛红村重点项目建设计划

单位：户

自然村小组	产业发展	传统村落	发展教育	发展生产	教育培训	劳务输出	人居环境	社会兜底	生态补偿	异地搬迁	总计
独家小组	5						2				7
格脚小组			2	7						1	10
吼玛小组				4							4
贾东小组			1	4						1	6
腊东小组			6	12							18
腊约小组	12										12
龙曲小组			3	3						1	7
洛玛小组			3	2							5
勐脚小组			1							1	2
女果小组				2							2
威碑然小组			2	3							5
宗和小组			5	6							11
汇总	17		23	43			2		4		89

资料来源：精准扶贫精准脱贫百村调研牛红村调研。

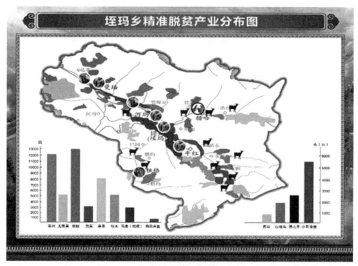

图 4-1　埕玛乡精准脱贫产业分布

图片来源：埕玛乡政府。

　　埕玛乡政府制定的脱贫计划，是按照先易后难的顺序安排的，让容易脱贫的农户先脱贫。依据表 4-4 里的数据，牛红村 2017 年脱贫户数只有 89 户，与其他几个行政村相比较少，这本身就说明牛红村的脱贫难度较大、任务艰巨。牛红村为了保证这 89 户能如期脱贫，给予每户产业发展资金 2000 元、危房改造费用 30000 元，以确保农户脱贫。当然，这也就意味着其他农户所能得到的扶贫基金非常有限。牛红村村委会主任朱阿毛坦言，县、乡拨付的扶贫资金有限，只有集中资金帮助有能力的农户在 2017 年脱贫：

　　不是说 2000 元给你你就脱贫了，不能拿着 2000元去吃喝玩了，要用 2000 元带出一点收入来。我们对村民进行分类，如果愿意参加合作社，后期有分红；

如果想自己发展，比如养鸡、养鸭，钱就给本人。此外还有危房改造，给他3万元，这3万元只能用于房屋建设。……除了产业到、房屋到，还要看他家小孩有没有在上学，有没有享受国家上学的优惠政策。先集中资金帮有能力的脱贫，起到带动示范作用，剩下很难脱贫的，就享受养老保险、医疗、临时救助，还有生态补偿等。个人（的钱）直接到户，集体的由村民们公开商议。

但是，农村养殖业或种植业发展效果的显现需要时间，并不是立竿见影的。村民们跟着乡里的产业发展计划进行生产，尽管大家没有怀疑乡里带领大家致富的初衷，但最后的结果是什么谁也不能保证。在腊约村，课题组曾与村民组长的儿子朱阿黑有过较多的接触，他是腊约村第一个考取大学的人，普通话讲得比较好，因此承担了调研组与村民交谈的翻译者。当课题组问及他对当地的产业帮扶效果有什么看法时，他对仅仅依靠农业给予农民经济保障还是心存担忧的。

现在每家每户都种桑葚，国家给了一些扶持政策，政府是想帮助我们脱贫的，但农业产业扶贫的效果不太明显。土地不肥沃，种的人数虽然多，但出来的效果没有那么好。现在还是有很多人在种水稻、玉米，也有出去打工的。大家都知道如果不出去打工就没有什么钱。

图 4-2　埂玛乡扶贫攻坚脱贫计划战略

图片来源：埂玛乡政府。

　　在牛红村，农业、养殖业、牧业历来是村民的生计之本，但地少人多，稻谷、玉米等一直是农民种植的主要粮食作物；至于养殖业与牧业，由于贫穷，村民只是零散经营，无法形成规模。2011年综合扶贫以来，牛红村在埂玛乡政府的支持下开始大力发展养殖业，并利用旱地种植茶叶、板蓝根及三七等经济作物。

　　2015年1月，习近平总书记到云南调研，强调坚决打好扶贫开发攻坚战，加快民族地区经济社会发展。云南省政府根据党和政府统一部署，相继出台了一系列扶贫政策文件，把扶贫开发工作作为政府的一项重点工作。牛红村依据《云南省委办公厅、云南省人民政府办公厅关于建立扶贫攻坚"领导挂点、部门包村、干部帮户"定点挂钩扶贫工作长效机制，扎实开展"转作风走基层遍访贫困村贫困户"工作的通知》和县级、乡镇级总体规划等相关文件的精神，结合本村实际编制了《红河县垤玛乡牛红村委会脱贫发展规划（2015~2019）》（简称《脱贫规划》，详见表4-5）。在《脱贫规划》里，牛红村依托本村的自然资源优势和已有产业布局，发展"一村一品"支柱产业，把经济作物种植和养殖业开发作为优化农村经济结构、增加农民收入、推进农村经济建设的重要载体。

表4-5 牛红村产业发展规划一览

村小组名称	产业发展方向
牛红	农业、养殖业、商业
吼玛	农业、养殖业
腊东	农业、养殖业、商业
龙曲	农业、养殖业
洛玛	农业、养殖业
勐脚	农业、养殖业
腊约	农业、养殖业
独家	农业、养殖业
威碑然	农业、养殖业
女果	农业、养殖业
宗和	农业、养殖业
俄脚	农业、养殖业
贾东	农业、养殖业
毕垤	农业、养殖业
格脚	农业、养殖业

资料来源：精准扶贫精准脱贫百村调研牛红村调研。

三 牛红村民的产业发展扶贫计划

相当长时期内，牛红村人连温饱都难以解决，更谈不上进行具体详细的产业扶贫规划。产业扶贫尚未形成气候，对贫困群众的带动力低，村民自我发展能力低，普遍处于贫困状态。一些群众懒思考、怕困难、怕担风险，等、靠、要思想严重。

　　垤玛乡政府认为，打赢脱贫攻坚战，产业扶贫是关键。对于牛红村这样的贫困山区如何推进产业扶贫，当地政府和牛红村人做足了功夫，坚持实事求是的原则，找准"靶向"，以精准扶贫户为重点攻坚对象，把发展适合市场需求的产业作为稳定脱贫的主要途径，确保扶贫成效。2017年，牛红村村委在红河县和垤玛乡两级政府的支持下，因地制宜，立足当地实际发展特色产业，为336户建档立卡户制订了具体的产业发展扶贫计划，其中182户贫困户重点发展种植业，受惠村民768人；154户贫困户重点发展养殖业，受惠村民702人，详见表4-6。为保证产业扶贫能发挥实效，当地政府不仅给予资金支持，还为每户贫困户指定了具体的帮扶人。根据"资金跟着穷人走，穷人跟着能人走，能人、穷人跟着产业项目走，产业项目跟着市场走"的产业精准扶贫工作思路，引导市场主体与贫困户建立紧密的利益联结机制，实现贫困人口稳定增收脱贫。

表4-6　牛红村以发展产业为主脱贫一批明细

单位：户，人

序号	产业	户数	家庭成员人数	脱贫年份	涉及村民小组
1	种植业	50	210	2017	所有村民小组
2		132	558	2018	所有村民小组
3	养殖业	43	205	2017	所有村民小组
4		111	497	2018	所有村民小组

资料来源：精准扶贫精准脱贫百村调研牛红村调研。

第二节　易地搬迁与精准扶贫

对牛红村村民年久失修的住房，除加以必要改善和加固外，易地扶贫搬迁项目也是改善村民住房条件的一个重要举措。垤玛乡政府要求住房能遮风避雨，房屋结构体系整体基本安全，建档立卡贫困户住房要达到 C 类以上。[①] 对于一些人居环境恶劣，房屋又出现险情的农户则动员其进行易地扶贫搬迁，以推进贫困户的脱贫进程。

2017 年，垤玛乡计划在全乡搬迁 318 户，1015 人，其中建档立卡贫困户 185 户，556 人；同步搬迁其他非建档立卡户 133 户，459 人。详见表 4-7。

表 4-7　垤玛乡 2017 年易地扶贫搬迁任务分解表

单位：户，人

项目名称	计划搬迁建档立卡人口		计划同步搬迁其他农村人口		主要涉及村委会
	户数	人数	户数	人数	
红河县垤玛乡三和村易地扶贫搬迁工程	44	132	58	203	垤玛村委会
红河县垤玛乡富康村易地扶贫搬迁工程	104	312	52	184	曼培村委会
红河县垤玛乡同兴村易地扶贫搬迁工程	37	112	23	72	河玛村委会
总合计	185	556	133	459	

资料来源：精准扶贫精准脱贫百村调研牛红村调研。

① A 类结构能满足正常使用要求，没发现险点，房屋结构安全。

B 类结构基本满足正常使用要求，个别结构构件处于危险状态，但不影响主体结构安全，满足正常使用要求。

C 类部分沉重结构不能满足正常使用要求，局部出现险情。

D 类沉重结构已不能满足正常使用要求，屋面整体出现险情。

除了易地搬迁扶贫政策以外，埕玛乡还在2017年计划危房改造222户，解决极端贫困家庭住房问题。乡里整合了资金用于这部分危房改造，整合的资金包括：农村住房改造资金、抗震安居工程资金、整乡推进扶贫安居工程资金、政府筹措资金。

埕玛乡给予村民的危房改造补助标准如下。

一是无偿补助。C类住房每户补助1万元（其中农村住房改造和抗震安居工程资金0.8万元、政府筹措0.2万元），D类住房每户补助3万元（其中原址拆除重建的农村危房改造和抗震安居工程资金0.8万元、整乡推进扶贫安居工程1万元、政府筹措1.2万元）。

二是有偿贷款补助，参照扶贫小额信贷，5万元内的贷款给予贴息。C类提升改造要求：基础少量损坏，通过加固处理能正常使用；墙体出现开裂10毫米以内，通过改造后能正常使用；屋顶开裂，通过补漏防水处理后能正常使用。D类拆除重建要求：按照贫困户退出住房保障标准，做到厨卫入户、人畜分离。

2017年，牛红村村委会计划易地搬迁脱贫34户，涉及牛红小组与俄脚小组。2018年，牛红村村委会计划易地搬迁脱贫45户，涉及女果小组与洛玛小组（详见表4-8）。牛红村村委会主要采用集镇、集中、插花安置三种方式，实施易地扶贫搬迁行动计划。根据上级有关规定，建档立卡贫困户户均补助4万元，非建档立卡户户均补助2万元；同时积极协调有贷款意愿的搬迁农户向项目承贷公司办理相关贷款，其他不足资金由农户自筹，并积极倡导人民群众投工投劳。统筹谋划安置产业建设，改善基础设施和公共服务，妥善解决好搬迁群众的居住、看病、就学等问题，确保搬得出、稳得住、能发展、可致富。

表4-8 牛红村以易地搬迁脱贫为主一批明细表

单位：户，人

涉及村民小组	户数	家庭成员人数	脱贫年份
牛红	27	139	2017
俄脚	7	27	2017
女果	14	59	2018
洛玛	31	139	2018

资料来源：精准扶贫精准脱贫百村调研牛红村调研。

牛红村村委会下属的俄脚、女果、牛红和洛玛等村民小组分布比较偏僻，其中两个村民小组通往村内的道路全是泥土路，出行极其不易。村民的居住条件更加艰难，部分房屋属于土墙房，年久失修，昏暗潮湿，墙体裂缝，甚至房屋倾斜，遇到刮风下雨就会满屋透风、房顶漏雨，严重影响正常生活，且存在安全隐患。由于牛红村位置偏远，修路物料的运输成本非常高，而且山路崎岖，修路的工程造价也很高，按照2017年的标准，修一公里山路的造价为120万元。如果为这两个村民小组单独修路的成本十分高昂，因此牛红村委员决定将这四个村子进行整体的易地搬迁。

第三节　发展教育与精准扶贫

在牛红村，因为地理上的偏僻、经济的贫困、信息的闭塞，长期以来村民无法意识到教育的重要性。村民对子女读书并不十分关注，更少有要把孩子培养成才的观念。今天，牛红村中老年人文盲的比例高达60%~80%，这个数据就是最好的证明。课题组在对牛红村进行调研时发现，很多孩子小学毕业后就不再继续上学，20岁左右的年轻人中没有读完小学的人仍然有很多。教育的这种落后的现状，成为牛红村贫困代际传递的原因和阻碍村民脱贫致富的绊脚石。唯有通过透析牛红村人的教育现状，才能从深层次斩断穷根、挖掘富源。

相对于经济扶贫、政策扶贫、项目扶贫等，"教育扶贫"才能从思想上帮牛红村人拔除贫穷的病根，是牵住牛红村脱贫致富的"牛鼻子"。可以说，教育上的落后是直接导致贫穷落后的根源，贫困人口文化素质低，观念相对保守，自身发展能力较弱，导致自我"造血"功能差，这是贫困代际传递的主要原因。扶贫工作，不应忽视教育扶贫，唯有补上贫困地区教育这块短板，让贫困地区的孩子接受良好教育，掌握一技之长，才是拔掉穷根、阻断贫困代际传递的重要途径。"积财千万，不如薄技在身"，何况牛红村人根本没有千万资财，若再没有一点"薄技"，如何才能脱贫？为此，垤玛乡政府给包括牛红村在内的6个自然村制定了教育脱贫的具体实施措施。

坦玛乡对于适龄青少年精准扶贫的教育脱贫内容有明确的规定:"九年义务教育阶段建档立卡贫困户没有因贫而辍学的学生,小学入学率达99.5%以上,初中毛入学率达99%以上,初中毕业后不因贫困影响继续接受普通高中或中等职业教育,通过采取国家补助及社会救助,高中毕业后不因贫困影响继续接受大学或高等职业教育。"为此坦玛乡制定了详细的实施措施。

(1)切实履行法定监护人职责。按照教育法律法规和村规民约的相关规定,父母和监护人应严格执行控辍保学职责,将自己的子女或监护人按时送入学校读书,并保障必要的生活和学习费用;对已辍学的适龄青少年,积极配合乡镇人民政府、村委会和学校做好思想工作,积极护送子女或被监护人返校学习。

(2)健全建档立卡户子女资助体系。健全学前教育资助制度,完善国家"两免一补"和营养改善计划。健全中等职业教育资助制度,实施优秀初中毕业生就读内地县市高中奖励办法,实施建档立卡户子女就读高中免学费和国家助学金政策,以及高校生源地信用助学贷款政策,确保每一位贫困家庭子女顺利完成学业。

(3)认真落实挂钩包保联系制度。分管教育领导包片区、校长包学校、教师包学生的控辍保学责任制,做到领导挂点、工作人员蹲点,倒排辍学返校时间表,组织人员进村入户开展辍学生劝返活动。

表 4-9　坦玛乡 2017 年脱贫户适龄少年儿童入学情况计划表

单位：人，%

行政村	脱贫人口	适龄少年儿童人数	入学人数	未入学人数	入学率
牛红村	366	47	47	0	100.0
全乡合计	2200	387	387	0	100.0

资料来源：精准扶贫精准脱贫百村调研牛红村调研。

　　牛红村定义的教育脱贫为："依托乡上和挂联部门组织的各类培训，让贫困户通过学习，提升自己的能力素质，以实施劳务输出、挂靠产业发展大户、自主创业等方式，达到增收致富。""一技在手，终身受益。"牛红村在红河县、坦玛乡政府的帮助下，根据贫困家庭劳动意愿，结合产业发展与外出务工需求，积极发挥帮扶人的资源优势，打造具有本地特色的经济作物种植、茶叶加工、家政服务等劳务培训。而且在培训过程中将教育脱贫向贫困家庭倾斜，以确保贫困家庭劳动者参加劳务培训后增强致富能力。

　　牛红村以发展教育为主脱贫的一批有 20 个家庭 47 人（详见表 4-9）。教育扶贫在牛红村经历了一个从无到有的历程。过去牛红村人并不重视教育，以致今天的文盲率如此之高。但这些年村民看到有知识的年轻人外出务工能找到更好的工作，能有更高的打工收入，所以开始注重对孩子的教育。牛红村村委会主任朱阿毛的话也证实了这一点：

　　"这里靠上学走出去的人数很少，以前这里的老百姓不是很重视教育的，但这两年好一点……随着国家对农村地区义务教育的投入，农民孩子上学负担逐渐减轻，最近这几年牛红村的孩子上高中的逐渐多了。而且，随着村民们外出务工，大家都意识到要想在外面找到好点的工作，还是要有点知识才行。"

如今，牛红村人渴望知识，重视子女教育，但很多有子女读书的家庭生活艰难，不堪重负；加以农村大学生就业困难，使新"读书无用论"重新抬头，目前牛红村人都会送自己子女去学校接受义务教育，但支持子女读高中、读大学的却少见。毕竟，对于刚刚解决温饱的牛红村人来说，子女读高中与大学的费用是一笔巨大的开支，而且这笔开支不知道什么时候才能"收回"（当前大学生就业形势的严峻状况，村民是相当了解的）。在这种情况下，当地农民对义务教育之外的更高层次教育的支持热情并不高，从而严重影响农村劳动力素质的进一步提高。

课题组调研中遇到了腊约小组的第一个大学生朱阿黑，也是腊约小组目前唯一的一个大学生。朱阿黑在垤玛乡本地念的小学、初中，高中升入红河县中学。由于乡村基础教育较差，他高中阶段成绩不是很好，最后考取丽江师范高等专科学校。2016年7月，朱阿黑从丽江师范高等专科学校毕业，曾经村子里"第一个大学生"的荣耀并没有使他觉得自己比其他同龄人优越多少。相反，就业形势严峻，他对自己未来的生活倍感压力。大学毕业以后，他参加了一次普洱市的教师招聘考试，但没有能考过；之后，他就去省城昆明打工，在一家培训机构工作。目前他的理想是能考上事业编制的教师或者公务员，然后把父母接过去。显然，当下的就业并不是他的理想目标，他还在复习准备考试。他说，现在年轻人在读完初中后都外出打工了，只有过节和农忙时节才有可能返回乡里。朱阿黑的父亲是腊约村民小组组长，他在牛红村时会帮助父亲做一些工作，比如组建了腊约小组的 QQ 群，便于父亲开展工作；他还把国家的相关政策尤其精准扶贫的举措通过 QQ 群传回到村子里，传给每个村民，把外面新鲜的事物和观念带回村子里。事实上，牛红村非常需要这样有文化的年轻人，村委会里文案工作基本是由驻村工作人员来完成。但农村艰苦的环境，让很多大学生退而避之，致使农村建设由于缺乏新鲜有效血液而发展缓慢。作为村子里第一个大学生，朱阿黑表示自己的压力也挺大：

> 现在出去也是一无所有，我觉得压力挺大的，他们对我期望挺高，但是现在自己一事无成。事业（单位）、特岗刚刚考完后，自己就去走了一圈，看看外面的世界，心里有很多收获，走出去了就不一样了。回来之后，我一直都在准备考特岗和事业单位，去年考了普洱市的。只要在云南都可以，父母都在这里，家里只有我一个儿子嘛，离家近一点，方便照顾家里。我普通话说得不好，像我们哈尼族考普通话证书是非常困难的，这增加了考特岗和事业单位的难度。

第四节　生态补偿与精准扶贫

中共中央总书记习近平强调，按照贫困地区和贫困人口的具体情况，实施"五个一批"工程，其中包含生态补偿这项内容，即加大贫困地区生态保护修复力度，增加重点生态功能区转移支付，扩大政策实施范围，让有劳动能力的贫困人口就地转成护林员等生态保护人员。

哈尼族在山坡上开垦梯田，懂得保护生态环境的重要性，因此牛红村周边的山坡上是茂密的森林，水土保持较好。但随着人地关系的紧张，很多村民为生计不得不毁林开田，周边的森林遭到一定程度的破坏。虽然地方政府积极推进退耕还林工程，但这样一来村民的粮食种植面积就会缩减，使本就紧张的吃饭问题雪上加霜。在精准扶贫过程中，政府把扶贫开发与生态环境保护有机结合起来，利用生态补偿和生态工程资金，为贫困人口增加收入走出一条生态脱贫的新路子。根据生态补偿脱贫精神的要求，垤玛乡政府与牛红村委会充分调动有劳动能力和意愿的建档立卡贫困人员参与到森林抚育管护、水生态管护工作中，让他们就地转到护林员的生态补偿脱贫岗位上。据牛红村村委会提供的数字，牛红村一共有 23 户农户享受到生态补偿，这些农户主要居住在格脚和腊东两个村民小组，护林员可以每月领取到 500 元左右的收入。

护林员每个月领到的 500 元收入对于当地家庭来说是一笔可观的收入，可用于补贴日常的生活开销。护林员的工作是每日到山上巡查，制止毁林伐木的情况，工作比较辛苦，所以需要年富力强的村民来承担。牛红村的山地和林地面积非常大，护林员实际需求多，目前生态补偿政策惠及 23 户人家，与实际需求相比仍然有很大缺口。

第五节　社会保障兜底与精准扶贫

脱贫攻坚是全面建成小康社会最艰巨的任务，而对于一些确实有特殊困难的家庭，在上面所叙述的几种精准扶贫措施都不适用的情况下，垤玛乡政府用财政资金为他们提供兜底保障。根据相关规定，凡符合下列条件之一的，均可纳入社会保障兜底脱贫对象认定范围：（1）无劳动力或者丧失劳动能力的家庭；（2）因残重度贫困的家庭；（3）因病重度贫困的家庭；（4）因灾或意外事故造成重度贫困的家庭；（5）因其他不可抗拒原因，无法依靠产业扶持和就业帮助脱贫的重度贫困家庭。

养老和医疗保障作为精准扶贫的最后一道保障，对以上五类有特殊困难的贫困群众起着兜底的作用。根据《社会救助暂行办法》和《云南省人民政府关于进一步健全特困人员救助供养制度的实施意见》（云政发〔2016〕73号），垤玛乡政府给予特困人员救助供养，并提高了救助供养标准。现行的农村合作医疗保险，需要农民个人支付一部分资金，但是对仍然无法拿出这部分资金的贫困户，则统一由乡里财政支付，以确保所有的建档立卡户都加入新农合。

一　养老保障

自精准扶贫以来，垤玛乡政府在上级部门的支持下，依据相关文件精神，为全乡6个行政村的建档立卡户和特殊困难的家庭、个人提供社会养老保险支持。调研组在垤玛乡政府了解到，乡政府制订的"2017年预脱贫人口参加社会养老保险计划"（参见表4-10），把6个行政村的预计2017年能脱贫的建档立卡户纳入了社会养老保险计划之中，以促进这些家庭和个人尽快摆脱贫困。其中牛红村涉及268人，占到全部预脱贫366人的73.2%。

表4-10 2017年预脱贫人口参加社会养老保险计划表

村委会	2017年预脱贫户数（户）	2017年预脱贫人数（人）	应参加社会养老保险人数（人）	实际参加社会养老保险人数（人）	完成率（%）
牛红村委会	89	366	268	268	100%
全乡合计	508	2200	1524	1524	100%

资料来源：精准扶贫精准脱贫百村调研牛红村调研。

截至2017年8月，牛红村村委会建档立卡贫困户符合条件的家庭成员100%参加城乡居民社会养老保险，并将完全或部分丧失劳动能力的贫困人口100%纳入低保或特困人员救助范围，且稳步提高补助标准。从2016年7月1日起，特困人员分散供养标准由原来的每人每月124元提高到410元，集中供养标准由124元提高到500元，保障标准逐步提高。对不符合特困人员救助供养，符合最低生活保障或其他社会救助条件的，也纳入相应救助范围，确保其基本生活有保障。

牛红村人参加的养老保险类型，基本是新型的农村养老保险制度。该制度是中央做出的又一项惠农利农的重要决策，参保农民满 60 周岁就能享受养老金待遇，是实现农民老有所养的重要保障制度。抽样调研的数据显示，牛红村被访者中有 59 人参与农村居民基本养老保险，占 66 名有效被访者的 89.4%。

二 基本医疗保障

垤玛乡政府对于建档立卡贫困户家庭成员的城乡居民基本医疗保险实施政府兜底，对贫困人口参加新型农村合作医疗个人缴费部分给予补助，贫困人口中的低保对象进行定额资助参合。2017 年度，垤玛乡支付符合条件的参保参合个人缴费部分资金 217.462 万元，其中资助符合条件的农村低保对象 4258 人参加医疗保险，参见表 4-11，资助金额 29.813 万元，从根本上解决贫困户看病难的问题。

表 4-11 垤玛乡全乡困难人员分布现状

单位：人

村委会	低保户人数	五保人数	残疾人数	大病人数	孤儿
牛红村委会	788	27	31	1	1
全乡合计	4258	155	244	4	22

资料来源：精准扶贫精准脱贫百村调研牛红村调研。

对救助对象经基本医疗保险、大病保险和其他补充医疗保险支付后，个人及其家庭难以承担的符合规定的基本医疗自付费用，给予补助。2017 年度支付医疗救助金 80 万元。而牛红村 2017 年预脱贫人口的基本医疗保障都纳入了计划，共计 89 户 366 人（参见表 4-12）。这一举措，有效解决了牛红村村民长久以来"看病难、看病贵"的问题。

表 4-12　2017 年垤玛乡预脱贫人口基本医疗有保障计划

单位：户，人

行政村	户数	人数	新农合参合人数（含大病医疗）
牛红村委会	89	366	366
全乡合计	508	2200	2200

资料来源：精准扶贫精准脱贫百村调研牛红村调研。

　　孤寡老人、空巢老人、残疾和其他缺乏发展条件等完全或部分丧失劳动能力的贫困人口，由社会保障来兜底，牛红村村委会加大其他形式的社会救助力度，加强农村最低生活保障与五保户救助供养等社会救助制度的统筹衔接。截至 2017 年 8 月，牛红村村民中有 57 位村民被纳入了社会保障兜底名录，这些村民在政府的关照下，于 2018 年底之前全部脱贫。

　　由以上举措可以看到牛红村的贫困户在养老和医疗方面都有切实保障，为 2018 年全村人口全面脱贫补齐了最后一块短板。抽样调研的数据也显示，牛红村被访者中有医疗保险的比例是 49.2%，有养老保险的比例是 50.8%，这些人均是建档立卡户或贫困户。据牛红村村委会主任介绍，牛红村依据红河县、垤玛乡政府的规定对牛红村建档立卡贫困户实行"政策托底，应兜尽兜"，凡符合条件的家庭成员 100% 参加城乡居民社会养老保险，并将符合条件的建档立卡对象纳入农村低保或特困人员救助范围，实现在脱贫路上一个也不掉队。

在公共服务和社会事业方面，牛红村的被访者享受最多的是"低保补助"，对象是家庭年人均纯收入低于当地最低生活保障标准的农村居民，主要是因病残、年老体弱、丧失劳动能力以及生存条件恶劣等原因造成生活常年困难的农村居民。被访者中，有21位享受到了这项补助，最高金额3480元，平均每户861.1元。农村最低生活保障之外，还有2位被访者享受了"教育补助"，一位600元，一位2000元。

第五章

牛红村实施精准扶贫的独特做法

牛红村实施精准扶贫政策的过程中，除了按照国家的统一部署实施"五个一批"的措施以外，还根据当地农民贫困状况制定了独特的精准扶贫措施。具体包括四个方面：外出务工培训、基础设施建设、丧葬改革和组建农村合作社。

第一节　牛红村的外出务工培训与精准脱贫

随着我国经济和城镇化的快速发展，大量农村剩余劳动力进城务工，成为打工一族。毫无疑问，农民工的非农业收入越来越成为其家庭收入的主要来源之一,这对改善农民生活质量和实现致富奔小康起到重要的作用。垭玛乡政府认识到组织农民进城务工对于当地加快脱贫进程的重要性。所以,2011年以来,垭玛乡政府采用多种方式让农民掌握一定技能和熟悉外出务工常识,积极推动6个行政村的剩余劳动力外出务工,使务工收入成为垭玛乡农民家庭的最重要收入,确保农村富余劳动力输得出、稳得住、能致富,推动垭玛乡的经济发展。

为从根本上提高广大农民自身素质和科技水平,培养和造就新型农民工队伍,垭玛乡政府把大力开展职业技能培训作为为民服务和脱贫攻坚的有力抓手,结合各村户的实际需要,针对农民培训的不同要求,开展针对性和有效性强的专业工种培训,比如家政服务、建筑行业及电焊工等,深受务工者欢迎。这些措施,真正提升农民职业技能水平和就业创业能力,促进农村劳动力转移就业,增加收入,有利于脱贫致富。2017年牛红村预计脱贫89户,而这89户人家中在乡政府的扶持下外出务工者达到45人,也就是平均2户就有1人进城务工,见表5-1。可见,农民掌握一定技能后再进城务工,更容易找到好的工作,能有更高的收入。

表5-1 垭玛乡2017年预脱贫人口外出务工情况计划

单位:户,人

村委会	脱贫户数	脱贫人数	其中劳动力人数	其中外出务工人数
牛红村委会	89	366	223	45
全乡合计	508	2200	1384	386

资料来源:精准扶贫精准脱贫百村调研牛红村调研。

除垤玛乡组织的职业技能培训外，牛红村村委会也根据本村实际情况有计划地对贫困户进行能力素质培训（详见表5-2），以提高贫困群众依靠科技增收致富的能力和持续增收能力。为此，牛红村村委会向乡里申请了8万元，用于村中建档立卡户的技能培训。以下为牛红村村委会的培训计划。

表5-2　牛红村村民的能力素质提升明细

能力素质提升项目					投资概算（万元）		
项目名称	项目建设地	单位	规模	开工年份	财政投入	群众自筹	总投资
实用农技培训	牛红村	人次	460	2016	2	0	2
专业技能培训			350	2017	2	0	2
创业培训			35	2018	2	0	2
两后生职业技能培训			210	2018	2	0	2

资料来源：精准扶贫精准脱贫百村调研牛红村调研。

（1）实用农技培训。对全村劳动力，尤其是415户建档立卡贫困户进行引导性适用技术培训，着力提高群众产业发展能力。概算投资2万元。2016年启动实施。

（2）专项技能培训。着重对全村415户建档立卡贫困户开展职业能力培训，确保每户至少1人掌握一项专业技能。概算投资2万元。2017年启动实施。

（3）创业培训。牛红村拟在2018年投入2万元资金，在每个自然村挑选2~3位受教育程度比较高的青年人，给予专门创业知识培训，争取培养35位致富能手。

（4）雨露计划——职业技术、技能教育培训。全村有初中、高中毕业后未就业人员 210 人，扎实开展以思想教育为主、以先进技术技能为辅的技能培训，着力培养一支适应新农村建设需要的实用人才队伍。概算投资 4 万元。2018 年启动实施。

第二节　基础设施建设与精准扶贫

牛红村各村民小组还没有实现内部道路的硬化，村民小组之间的部分联系道路仍是土路或弹石路面。全村有 156 户通自来水（村内生活给水水源是山泉水，流量为 0.19 千克/秒），主要水利设施是沟渠，牛红村还没有系统的生活排水设施。村民住房大多是传统的民居，多为土木结构，近年来新建的多为砖木结构建筑，层数以两层为主，少数为三层。牛红村内有一所全日制小学，学校占地面积 1200 平方米，建筑面积 800 平方米，拥有教师 11 人、职工 9 人。另外，腊东与洛玛两个自然村小组有两个教学点，为一师一校类型。目前，整个牛红村农村义务教育在校学生 460 人。牛红村的学生在读完小学后，需要到垤玛乡中学读书。村民的医疗主要依靠村卫生所和乡卫生院，村卫生所占地面积 60 平方米（以后计划发展为 100 平方米），有村医生 2 名。

牛红村各个村民小组是村民们自发选址建设的，因此各村民小组较为分散、凌乱，功能不合理，村庄发展和建设存在很大的自发性与盲目性，乱搭乱建现象较为突出，对居住环境的提升、村容村貌的改善以及基础设施的配套都产生了较强的制约与较大的影响。牛红村还有少部分"空心户"，空心户指家中成员均已在外定居，常年不在村中居住的农户。目前牛红村里一方面有村民为了自身利益想方设法在新增宅基地中多建房，另一方面"空心户"守着祖传的地和房，既用不了，又不愿交出来。"空心户"的存在，不仅造成土地资源浪费严重，还由于无人居住和打理，房屋周围的环境卫生状况很差，这些已制约了村庄的良性发展与生产生活环境、治安环境的改善。

目前，牛红村农居的建筑质量普遍较低，布局较为凌乱，建筑以村民住宅为主，建筑密度大，哈尼族建筑风格不够突出，新建建筑没有体现特色风貌。[1] 道路交通体系及公共设施配套不完善。公用工程设施严重滞后，用地布局不合理，项目设置不完善，生产、生活用水虽有简单处理，但难以达标排放。

在精准扶贫实施期间，垤玛乡财政为牛红村拨款1266.6万元，用于村内道路硬化和水利工程建设。这些基础设施建设包括：通村组道路硬化、村内户外道路硬化、饮水设施建设、人居环境改善和基本公共服务建设五大类（详见表5-3~表5-5）。

① 垤玛乡政府编制《牛红村2011—2030发展规划》。

一　通村组道路硬化

牛红村委会所辖的 15 个自然村，17 个村民小组，只有 6 个村民小组的道路已经硬化，包括宗和小组、牛红小组、毕垤小组、格脚小组、勐脚小组、龙曲小组进村路。目前需要建设路面宽 3.5 米、路基宽 4.5 米的通村组水泥硬化道路 23.3 千米，涉及 9 个村小组，包括：贾东——汪脚——腊东进村路 3 条 9 千米，腊东进村路 1 条 4 千米，洛玛进村路 1 条 4 千米，吼玛进村路 1 条 2 千米，女果进村路 1 条 2 千米，威碑然进村路 1 条 1.5 千米，腊约进村路 1 条 0.3 千米，独家进村路 1 条 0.5 千米。2016 年启动实施威碑然进村路、腊东进村路、吼玛进村路、女果进村路共计 9.5 千米；2017 年启动实施贾东—俄脚—腊东进村路、腊约进村路、独家进村路共 9.8 千米；2018 年启动实施洛玛进村路 4 千米。按每千米造价 42 万元计算，总投资 978.6 万元。

二　村内户外道路硬化

精准扶贫实施期间，牛红村委会计划在洛玛、腊约、威碑然、贾东、俄脚 5 个村民小组硬化村内道路 4 千米。其中，洛玛、威碑然、贾东 3 千米道路项目于 2016 年启动实施，并于同年完成建设任务；腊约、俄脚 1 千米道路项目于 2018 年启动实施，并于同年完成建设任务。按每千米 42 万元造价，概算投资 168 万元。

三 水利建设

牛红村有 8 个村民小组需改善饮水安全状况，分别是牛红、腊东、贾东、宗和、威碑然、格脚、龙曲、勐脚。需架设主引水管 31 千米（de75 管 31 元 / 米）及供水设备。覆盖 485 户农户共 2120 人，项目于 2017 年启动实施。主引水管按每千米 3 万元计算，概算投资 96 万元；其他供水设备预计投资 24 万元，预计总投资 120 万元。

表5-3　牛红村基础设施建设项目明细

基础设施建设项目					投资概算（万元）		
项目名称	项目建设地	单位	建设规模	开工年度	财政投入	群众自筹	总投资
通村组道路硬化工程	腊东等 9 个自然村	千米	23.3	2016~2018	880.74	97.86	978.6
村内道路硬化工程	洛玛、腊约、威碑然、贾东、俄脚	千米	4	2016~2018	151.2	16.8	168
水利工程（饮水安全设施）	牛红、腊东、贾东、宗和、威碑然、格脚、龙曲、勐脚	千米	31	2017	120	0	120

资料来源：精准扶贫精准脱贫百村调研牛红村调研。

四 人居环境改善

人居环境改善，包括公益性项目和入户性项目，着力改善贫困户居住条件和生产生活环境，推动现代文明健康生活方式进村入户。牛红村积极争取财政资金，预计投入 624 万元用于太阳能路灯和入户项目的建设与改善方面。

（1）太阳能路灯。在牛红村 15 个自然村安装太阳能路灯 150 盏。概算投资 60 万元，财政性投入 60 万元，占总投资的 100%，于 2017 年实施。

（2）入户项目。在牛红村实施农村危房改造工程 282 户，改善居住环境，财政投入 564 万元。项目 2016 年实施 85 户，2017 年实施 97 户，2018 年实施 100 户。

表 5-4　牛红村人居环境改善项目明细

人居环境改善项目					投资概算（万元）
项目名称	项目建设地	单位	建设规模	开工年份	财政投入
太阳能路灯	15 个自然村	盏	150	2016	60
危房改造	15 个自然村	户	282	2016	564

资料来源：精准扶贫精准脱贫百村调研牛红村调研。

五　基本公共服务

基本公共服务，包括群众文化活动广场建设、服务型党组织综合平台建设项目。牛红村村委会为丰富群众业余文化生活，加强了基本公共建设，搭建服务平台。精准扶贫实施期间，牛红村总投资 328.3 万元用于基本公共服务项目建设，其中财政性投入 328.3 万元，占总投资的 100%。

（1）群众文化活动广场建设。在腊东、贾东、洛玛

3个村民小组新建文化活动广场2150平方米，概算投资325.3万元，于2016年启动实施。

（2）服务型党组织综合平台建设。在牛红村建设服务站（基础版）1个，概算投资3万元，于2016年启动实施。

表5-5　牛红村基本公共服务项目明细表

基本公共服务项目					投资概算（万元）		
项目名称	项目建设地	单位	建设规模	开工年份	财政投入	群众自筹	总投资
群众科技文化活动场所	腊东		200	2016	30.26	0	30.26
群众科技文化活动场所	洛玛	平方米	1200	2016	181.56	0	181.56
群众科技文化活动场所	贾东		750	2016	113.48	0	113.48
服务型党组织综合平台	牛红村	个	1	2016	3	0	3

资料来源：精准扶贫精准脱贫百村调研牛红村调研。

　　牛红村的基础设施和公共服务设施落后是地方整体性的，作为国家贫困县的红河县，基础设施方面的历史欠账比较多。近5年以来，没有享受过5万元以上基础设施投入资金的还有500多个自然村。下一步红河县的脱贫，一方面在基础设施建设方面继续增加投入，另一方面需要培育适合当地气候和土壤条件的可持续发展产业。红河县的和涛县长认为红河县属于山区县，山区的特点就是村民小组居住比较分散，各村民小组之间相隔比较远，每个村民小组都是一个独立的单元，当前的精准扶贫细化到村民小组和农户家庭，这点十分切合红河县的实际情况，和县长认为：

我们县政府主要是三化扶贫,一个区域化,一个制度化,一个精准化。而且我们红河县的山区,各村小组之间相隔很远,交通、产业、生态、民生这些项目相对比较独立,我们这里相对独立的单位是村民小组,所以脱贫要以村民小组为载体。长期以来,基础设施投入、民生投入欠账比较多,因为在精准扶贫之前,都是在搞整乡推进、整村推进,这个工程比较大,不够精准。我们有88个村委会825个村民小组,2016年统计了一下,近5年以来,没有享受过5万元以上基础设施投入资金的还有500多个村民小组。牛红村在其中。之前的整乡推进、整村推进,只是针对乡镇府、村委会所在地,资金投入比较少,覆盖不到村小组。在这种情况下,我们还是整合资金,向上争取。2016年各个村委会之间道路都通了,但是从村委会到村民小组的路还是很差。通过云南省交通厅帮助……现在村委会到村民小组的路还是挺恼火(挺差)的。我们又申请国开行贷款,国开行出了一个优惠政策,把村委会到村民小组的路打成一个包,接下来就要做了。这只是道路的问题,接下来是水的问题,我们同样用贷款的方式来解决。此外,还有易地扶贫搬迁,我们争取了27亿元政策性银行的贷款。按照这个进度,2020年贫困乡贫困村基础设施达标是做得到的。未来就是从扶贫到小康的衔接问题,其中最大的问题是产业,有了产业才有固定的收入来源。所以我们制定了区域化扶贫战略,解决区域的产业问题。我们最大的产业就是30万亩热区综合开发。干热河谷，全国有8万平方公里，整个云南省有1200万亩，红河州有120万亩，红河县有54万亩。干热河谷的价值就是积温高、土壤磷含量高，种植的农作物产量高，养殖的牲畜能健康成长，但对于它的开发又是一个难题。我们要走出一条热区现代化、山区现代化产业发展的道路。现在我们已经在做了，30万亩干热河谷，流转出来的土地有9.8万亩，龙头企业已有13家，它们正在开发我们热区的水果、畜牧业。我们是山区、民族地区、边疆地区、侨乡、贫困地区、革命老区，但我们的经济增长还是较快的。第一是投入，第二是产业，第三是精准，第四是干部，串联这些的就是特色制度，形成一个整体才能做好扶贫脱贫工作。我认为村委要清楚认识到基础设施、民生设施（公共设施）、产业、外出务

图 5-1　调研组与红河县县长和涛和垤玛乡乡长周绕斌座谈

（拍摄人：娄世民，时间：2017年4月，地点：红河县县长办公室）

工、房子几方面的问题。现在村里有身体残缺的人，他们只能靠低保；没有生活技能的只能靠村委会里的能人来带动，组织合作社去把他们团结起来，养成良好的生产生活习惯，这样才能更快脱贫。还有一部分人就是懒，扶贫先扶志，先革除陋习。这些我们都有相关的政策。

第三节　政府推动丧葬改革与精准脱贫

移风易俗是牛红村实施"精准扶贫"的重要手段之一。推进精准扶贫、确保脱贫成效，必须废除落后的民风民俗。坪玛乡在推进精准扶贫过程中，把"移风易俗"作为一项重要工作来抓，改变哈尼族历史上形成的红白喜事铺张浪费与盲目攀比的乱象，切实给群众"减负"，为文明"添彩"。

牛红村是个完全的哈尼族村落，由于交通不便，受外界的冲击较少，至今村民们仍然奉行哈尼族的生活传统，崇尚孝道，事死如事生，故哈尼族的葬礼非常隆重，一个葬礼至少要杀几头牛，一头牛的价值约 1 万元。牛是哈尼族人家的重要生产工具，也是家里重要的财产，村民在办葬礼时攀比成风，盛行吃"流水席"，最多的能持续 7 天，其间宰杀的牛多则 7 头，少则 2~3 头，一个葬礼最少要花

4万~5万元。葬礼开销对于主办者来说是个极大的经济负担，远远超过婚嫁的请客送礼支出。不夸张地讲，一个葬礼可能会使一个普通家庭陷入贫困。而每一个葬礼，亲戚、故友、邻居都要随礼钱。礼钱本是一般人情应酬，但村民为了"面子"，尽量多多"表示"，以免送少了脸上无光，怕被别人看不起，有的甚至把礼钱多少当作人情厚薄、感情深浅的标准。据牛红村村主任介绍，一般村民每年的各种"礼金"在千元以上，没有钱的即使是借钱也要"表示"。近年来，牛红村外出务工人数增加，村民都有一定的收入，故礼金也节节攀升，其实村民们苦不堪言，但是又不能打破整个习俗。

面对此种情形，牛红村却没有哪个村民愿意第一个站出来反对村里丧葬大操大办的风俗，因为这会被认为是对逝去亲人的"不孝"，有违哈尼族人敬老的传统。除丧葬外，其他名目的请客送礼（嫁娶、老人祝寿、儿女满月、乔迁新居等）也使得刚刚从贫困中走出的牛红村人又有返贫倾向。这类不良现象的存在，给牛红村村民的脱贫致富构成了重大障碍，更不利于村民将有限的资金投入到改善生产生活状况上去。因此，推进精准扶贫、确保脱贫成效，就必须废除落后的民俗民风。

在大力推进精准扶贫过程中，垤玛乡政府与牛红村村委会把移风易俗融入精准扶贫工作中，积极倡导厚养薄葬，以移风易俗为群众减负。近几年，牛红村在乡政府的帮助下利用标语、公告、宣传栏、倡议书等方式，大力宣传善行义举、厚养薄葬、尊老孝老、文明节俭、简礼厚

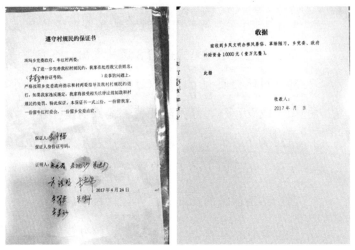

图5-2　牛红村遵守村规民约保证书
（罗静拍摄，时间2017年4月，
地点：牛红村）

图5-3　牛红村民受到葬礼补助款收据
（罗静拍摄，时间2017年4月，
地点：牛红村）

意等文明观念，积极营造浓厚的尊老孝老氛围，广泛传播正能量，希冀在潜移默化中化解陈规陋习。但数百年的传统无法一时化解，这种宣传移风易俗的效果并不明显。为此，埕玛乡政府出面为6个行政村制定了村规民约，对红白事进行规范，倡导操办婚丧喜庆事宜的新规，采取一系列措施，并对葬礼从简者实行资金奖励。约定村民今后在葬礼上都不再大操大办，能遵守约定的村民，乡里给予1万元现金奖励。在厚赏之下，有村民接受约定，并签写了保证书和收据。

　　然而，对于葬礼从简的移风易俗是否能够一直坚持下去，埕玛乡政府的干部和牛红村人都觉得难度很大。为倡导葬礼从简，埕玛乡政府特从本不宽裕的财政预算中拨款3万元，计划只奖励前三户人家，每户1万，亦即后面办理葬礼的农户就没有任何奖励了。埕玛乡政府希望借助

"典型"推进移风易俗，并将这项内容写入了"村规民约"，希望村民都能自觉遵守。然而，如果没有了乡政府的奖励，牛红村村民是否会遵守这个约定，需要时间的验证。在访谈中，调研组从乡政府和村委会了解到，有村民在领取了1万元的乡政府奖励后，购买了一头牛用来招待亲戚们。

腊约村的大学生朱阿黑在与课题组的交谈中也特别提到葬礼的大操大办给村民带来的沉重负担。他是家中的独子，他的爷爷奶奶、外公外婆和爸爸妈妈都健在。他对于以后"抬老人"（葬礼）的事情十分发愁，因为没有兄弟姐妹们可以分担葬礼的费用，按照目前村里的风俗，一个葬礼要花掉4万到5万元，他觉得这将会是个沉重的负担。尽管在牛红村的其他村民小组已经开始施行葬礼从简的移风易俗活动，但是他认为其他村民小组里的习俗不一定会对自己的村民小组有影响，而他也想参照本村民小组其他人的做法再说，并不想做第一个吃螃蟹的人。尽管他是村中的第一个大学生，但是还没有足够的勇气违背村子里的风俗。

朱阿黑认为哈尼族的丧葬费用对贫穷的村民来说是一个沉重的负担。在牛红村，丧葬费用远远高于婚嫁的费用。垤玛乡当地婚嫁费用并不高，年轻人实行自由恋爱，双方中意就可结婚，婚嫁费用只需一两万元就可，少的几千元也行。与其他地方也包括部分哈尼族地区相比，垤玛乡当地婚嫁费用是非常节约的，红河县城多达十万以上，附近的马扎河乡达到十三万元。相互的攀比心理和地方民俗的影响，使村民把辛辛苦苦积攒的钱都用于丧葬、婚礼及建盖房子上面了，根本无钱用于发展产业。

牛红村人除了婚丧、嫁娶、满月等请客送礼的活动大操大办外，日常生活中也存在大吃大喝现象。垤玛乡乡长周绕斌谈到"为什么普遍缺少发展生产的资金"这一问题时说，尽管这些年村子里的人外出打工的比较多，但很多人把挣到的钱拿来大吃大喝了，没有用到发展生产上。他告诉课题组：

> 大吃大喝的民风民俗要制止。现在年轻人在外打工，拿回家的积蓄虽多，但都用来消费了，例如吃烧烤、喝酒。只想着吃吃喝喝，打工挣回来的钱都用在吃喝上，恶习很严重。老人去世后的丧葬习俗，使村民把所有的积蓄都拿出来花掉。

牛红村的哈尼族人，尤其是上点年纪的人还很喜欢喝酒。酒是自己家酿的苞谷酒，当地人称这种酒为焖锅酒。垤玛乡的焖锅酒在红河州非常有名，很多外地人路过垤玛乡都会带几斤焖锅酒回去。垤玛人有酿苞谷酒的传统，即使在粮食不够吃的年月里，哈尼族人仍然坚持用仅有的粮食酿酒。现在生活条件好多了，很多老人几乎每顿都喝酒。村委会里的年轻人告诉课题组：

> 他们（老村民）喝的酒比较多，每一餐都喝好多。我一般不喝，有客人才喝。老人的话每顿饭都喝，现在去外面打工了的好一点。

治富先修路，治贫先治愚。牛红村作为一个贫困山村，要做到精准脱贫、精准扶贫，有必要革除一些落后的风俗民惯，提倡和树立新风。对农村办红白喜事的一些旧俗、礼节，党员、干部要勇于担当，首先进行革新，起到带头模范作用，促使移风易俗成为村民的自觉行动。同时，村委会要制定好村规民约，"约"出村民新风气，并利用村图书室、老年协会等文化活动场所宣扬勤劳致富、移风易俗新典型，引导社会主义核心价值观落地，进而在全面推动精准扶贫攻坚决战中有所作为。

第四节　政府主导的农业合作社与精准脱贫

精准扶贫工作开展以来，农业合作社，是垤玛乡政府在推进农业产业升级、壮大农村级集体经济、促进贫困农户增收方面做出的积极尝试。在借鉴其他地方扶贫经验的基础上，垤玛乡政府根据当地实际情况创办起一种扶贫新模式。牛红村在当地政府的扶持下，由村委会干部牵头成立了两个合作社：一个养殖当地有名的小耳猪，已经运营作业；一个计划养殖鹅，养殖场已经初步建成，2017年投入使用。合作社的运作模式采用"合作社 + 农户""合作社 + 支部 + 贫困户"形式，希冀在促进产业转型升级、农民脱贫致富、推动精准扶贫方面发挥作用。由于这两个合作社成立时间非常短,其效果和作用还难以进行评估,课题组先就其运作模式进行一些介绍。

一 合作社 + 农户,助推精准扶贫

牛红村劳动者整体素质不高,又缺乏生产技能,因此单纯依靠单个农户的力量是难以发展产业的,为此牛红村组建了"合作社 + 农户"的扶贫模式,吸引有养殖能力的能人组织生产,带领有意愿的农户参与其中,以助力精准扶贫。

牛红村的小耳猪养殖场就是此类的农业合作社,该合作社属于村集体经济,以村委会的党委书记作为合作社法人,吸引村内大、小养殖户入社,以这种模式助推村委会、合作社和农户三方共赢的"三位一体"模式。在这种模式下合作社、村委会、农户三方建立了资源共享、生产互助、互惠互利、风险同担的有序机制,提高了村民进入市场的组织化程度,特别是增强了农户抵御市场风险和自然灾害的能力,促进了农业产业化的良性发展。

"合作社 + 农户"的农业合作社,是牛红村把产业发展与扶贫工作有机结合起来的一种尝试。农业合作社在实际运行中与乡里的养殖场合作,聘请有经验的养殖工人,实行"统一供种、统一标准、统一收购、统一销售"一体化运营,确保了猪种从繁育、养殖到销售全过程的

质量安全，走出了一条合作社连基地、基地带贫困户的新路子，有力增强了牛红村的"造血"能力，助推贫困户精准脱贫。

二 合作社＋支部＋贫困户，深化扶贫保障

牛红村的建档立卡户家庭底子薄，缺少养殖技术，简单发放产业扶贫资金，可以实现短时期内脱贫，但还有很多贫困户把政府发放的产业发展资金吃喝掉，存在等、靠、要的思想，只有成立合作社把村民组织起来，使村民养成良好的生产生活习惯，才能更快脱贫。而要带动这部分村民发展致富，应该充分发挥基层农村党组织的示范带头作用，让村党组织负责合作社的经营和运转，推行"合作社＋支部＋贫困户"的发展模式。

调研过程中，牛红村支部书记段阿路谈到，垤玛乡当地政府能够拨付给建档立卡户的产业发展资金只有2000元，对于单个家庭而言根本无从发展产业。考虑到贫困户从事养殖存在技术瓶颈，牛红村村委会于是转换思路，把扶贫资金交给专业合作社集中使用，合作社为贫困户提供全程"寄养"服务。把发展资金集中到农业合作社里，可以避免"撒胡椒面"式的现金直接发放到户、农户把钱存到信用社或消费掉的情况。建档立卡户的2000元产业发展资金作为贫困户参股、入股资金，在合作社里进一步明晰利益分成方式或由有关责任人具体监管，直接投入生产过程，作为农户脱贫致富之本。

但在具体运作过程中，部分贫困户反对，甚至把事情告到垤玛乡政府、县政府。因此，牛红村村委会只得采用自愿的方式。如果愿意参加合作社，就将发展资金投入合作社，后期享受合作社的分红；如果想自己发展，比如养鸡、养鸭的，这笔合作资金就直接给本人。事实上，2017年预脱贫的89户的产业发展直补资金2000元，只有部分直接拨付到专业合作社用于发展养鹅合作社，大多数资金还是直接发放到农户手中。为解决合作社发展资金短缺问题，2017年垤玛乡政府使用产业贴息贷款、对建档立卡贫困户及农民专业合作社提供小额贷款，以助力贫困群众共同发展产业。其中，牛红村获得65万元的贷款资金配额，计划惠及13户人家。农业合作社组织作为牛红村精准扶贫的一种新形式，是促进农村产业转型升级、农民脱贫致富、推动精准扶贫的重要抓手，是利村利民的一种组织。但在牛红村实际运行过程中，村民参加比例较低，所以合作社的功效尚待发挥。

第六章

牛红村实施精准扶贫的成效与机制

精准扶贫实施以来，云南省按照中央政府"六个精准"[1]和"五个一批"的要求帮助村民实现脱贫，其余完全或部分丧失劳动能力的贫困人口实行社保政策兜底脱贫。[2]截至2016年底云南省近300万人口成功脱贫，全省农村贫困发生率从2013年的17.8%下降到2016年的10.1%（详见表6-1），实施精准扶贫取得了很大的成就。

---

[1] 六个精准为对象精准、项目安排精准、资金使用精准、措施到户精准、因村派人精准、脱贫成效精准。

[2]《中共中央国务院关于打赢脱贫攻坚的决定》，中央政府网站：2015年11月29日，http://www.gov.cn/xinwen/2015-12/07/content_5020963.htm。

表 6-1　2013~2016 年云南省减贫情况 [1]

单位: 万人, %

年份	全省农村贫困人口规模	全省农村减贫人口	全省农村贫困发生率	贫困地区贫困人口规模	贫困地区减贫人口	贫困地区贫困发生率
2013	661	143	17.8	607	137	21.9
2014	574	87	15.5	536	71	20.3
2015	471	103	12.7	448	88	17.4
2016	373	97	10.1	352	95	13.7

资料来源: 精准扶贫精准脱贫百村调研牛红村调研。

第一节　牛红村建档立卡户的识别与退出

一　建档立卡户的识别

摸清贫困户和贫困人口的具体情况是云南省扶贫办实施精准扶贫工作开展的前期重要工作。红河州的建档立卡户识别工作是在 2013 年开始启动的，当时参照的是 2013 年农民人均纯收入 2736 元（相当于 2010 年 2300 元不变价）的国家农村扶贫标准[2]。农村建档立卡户要求以农户收入为基本依据，综合考虑其住房、教育、健康等情况，经农户申请、村民民主评议、公示、逐级审核、公告的方式和流程进行整户识别。

---

① 资料来源：云南省扶贫办网站。

② 国务院扶贫办关于印发《扶贫开发建档立卡工作方案》的通知 http: //www. scfpym.gov.cn/show.aspx?id=25605。

2013 年，云南省政府给各地州市县的贫困户、贫困村（行政村）、贫困乡镇以一定的规模控制。根据《2013 年云南省扶贫对象建档立卡人口、贫困村、贫困乡规模分解表》，红河州建档立卡贫困户控制规模为 87.5 万人，大约是红河州总人口的 1/5，调研中得知这个数量低于实际贫困人口数量。红河县作为红河州 13 县市之一，因贫困面广、贫困人口多，分配建档立卡人口为 118174 人、贫困村为 71 个、贫困乡为 7 个。[①] 但云南省政府同时规定，超出建档立卡规模控制数的贫困户也要进行登记汇总，此举为后来的贫困户数量调整奠定了基础。

牛红村精准扶贫工作的推进程序和时间进度由红河州和红河县统筹安排，坦玛乡和牛红村村委会派出人员执行。在红河县扶贫办和坦玛乡人民政府指导下，按照分解到村的贫困人口规模，工作人员对贫困户和贫困人口进行精准识别。具体过程包括：宣传发动→农户申请→民主评议→入户调查→村级公示→乡镇审核二公示→县级复核公告。即平时所说的"两公示一公告"。最后经过精准识别，2014 年牛红村委会的贫困户 433 户，贫困人口 1952 人。[②]

红河县还整合社会力量对贫困人口进行点对点的帮扶。对贫困户和贫困人口精准识别之后，就要根据帮扶需

---

① 红河州扶贫办：《农村扶贫对象建档立卡工作问答》，《红河日报》2014 年 7 月 19 日，第 3 版。

② 牛红村村委会提供的数据。

求确定帮扶对象。红河县政府在省政府的指导下，统筹安排有关帮扶资源，研究提出对贫困户结对帮扶方案，明确结对帮扶关系和帮扶责任人。牛红村贫困户的帮扶人主要来自红河县林业局、垤玛乡政府及中国电信股份有限公司红河分公司等单位。之后，在垤玛乡人民政府指导下，牛红村村委会、驻村工作队和帮扶责任人结合贫困户需求和实际，制订针对性帮扶计划。帮扶主体与被帮扶人明确后，就要切实落实帮扶措施，并开展考核问效，实施动态管理，检查帮扶责任人履职情况和贫困对象脱贫情况。至于《扶贫手册》的填写及数据的录入，则由村委会、驻村工作队和大学生志愿者等来完成。最后，云南省扶贫办负责数据录入以及数据在省内试运行。

对贫困户和贫困人口进行精准识别是一项相当烦琐的工作，所有参与了建档立卡户识别和信息填报的工作人员都抱怨需要提交的文字材料太多，他们感觉压力很大。但是这次精准扶贫在执行过程初期所体现的程序意义要大于扶贫的意义。正是全国统一的精准扶贫的实施，在历史上第一次将中国贫困农民的各类信息纳入国家数据库里。尽管统一的打分表格和农户的实际诉求之间存在不能完全契合的地方，但这是乡村现代化治理的重要一步。

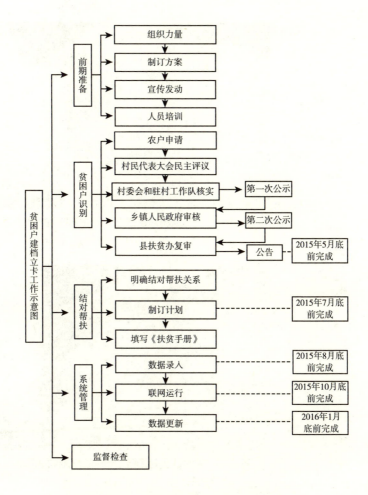

图 6-1　牛红村建档立卡工作示意图

图 6-2　驻村队员对建档立卡户进行询问的记录本

（罗静拍摄，时间 2016 年 12 月，地点：牛红村）

图6-3　驻村队员对建档立卡户进行询问的记录

（罗静拍摄，时间：2016年12月，地点：牛红村）

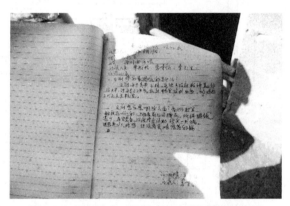

图6-4　驻村队员对建档立卡户进行询问的记录

（罗静拍摄，时间：2016年12月，地点：牛红村）

二　垭玛乡贫困村的退出

精准扶贫实施结束后，中央政府对于贫困村的退出也有明确的标准和程序："以贫困发生率为主要衡量标准，统筹考虑村内基础设施、基本公共服务、产业发展、集体经济收入等综合因素。原则上贫困村贫困发生率降至2%以下（西部地区降至3%以下），在乡镇内公示无异议后，

表6-2 红河县垤玛乡精准扶贫精准脱贫——贫困户精准识别认定退出指标体系评分表（表格来源：垤玛乡政府）

识别内容	具体指标	指标说明	标准分	评分标准	得分	扣分	总分
住房状况（40分）	茅草房	房屋顶是茅草	40分	整个房子属于茅草房、土撑房、土木房、石木房、砖木房得40分；有正房，但只是正房或二房属于茅草房、土撑房、二房、土木房、石木房、砖木房，或者钢混房的得30分；第一层钢混房的得20分；钢、砖混房的得10分			
	土撑房	房屋顶是茅土					
	土木房	土木结构房					
	石木房	石木结构房					
	砖木房	砖木结构房					
	钢混房	钢筋混凝土结构房					
健康状况（15分）	疾病	常年体弱多病	15分	家庭成员有生病住院6个月以上，有伤残生活不能自理的得15分；家庭成员健康正常配偶有小病的得8分			
	伤残	伤残生活不能自理					
	意外灾祸	天灾人祸					
	健康良好	健康正常					
劳动力状况（15分）	无劳动力	无劳动力	15分	家庭成员中无18~60岁劳动力的得15分；只有1个劳动力的得10分；有2个劳动力的得5分；有3个及以上劳动力的得2分			
	家庭劳动力数	有1个					
		有2个					
		有3个及以上					

六看

识别内容		具体指标	指标说明	标准分	评分标准	得分	扣分	总分
六看	就读情况（10分）	大专及以上	在校就读大专及以上	10分	家庭同时有读高中、中专、大专及以上得10分；家庭有2个以上读大专1个读中专以上得8分；家庭有1个以上读大专1个读中专得6分；家庭有读高中读中专4分；家庭有读初中得2分；家庭有读小学或读无读书的得1分			
		中专	在校就读中专					
		高中	在校就读高中					
		初中	在校就读初中					
		小学	在校就读小学或没有					
	土地资源情况（10分）	家庭承包田地	无承包田地	10分	自然灾害或被国家设施建设征用无承包田地农户得10分；家庭人均承包田地0.5亩以下得8分；家庭人均承包田地0.5~1亩得6分；家庭人均承包田地1~2亩得2分；家庭人均承包田地2亩以上得1分			
			家庭人均承包田地0.5亩以下					
			家庭人均承包田地0.5~1亩					
			家庭人均承包田地1~2亩					
			家庭人均承包田地2亩以上					
	大件（10分）		空调、冰箱或贵重家具	10分	无冰箱或空调的得10分，有冰箱或空调不得分			
	得分合计			100分				

公告退出。"① 红河州根据本地实际情况，设定贫困村退出标准是达到"四通一保障，有卫生室，有活动场所，适龄儿童少年有学上"。具体分解为 9 个指标：贫困发生率、道路硬化、通电、通广播电视、通网络宽带、饮水有保障、有卫生室、有公共活动场所、适龄儿童有学上。

坦玛乡的贫困村退出程序是按照红河州制定的贫困村退出标准执行的。贫困村退出程序是：先由坦玛乡按照退出规划确定初选贫困村，并对该村加大扶持力度，进行重点攻坚，将拟退出的贫困村报红河县扶贫办，然后由红河县扶贫办组织相关部门，对预退出贫困村进行入村调查、摸底核实，确定是否符合贫困村退出条件；若符合退出条件，则在乡、村所在地进行公示公告；公示公告无异议后，报县扶贫攻坚领导小组批准退出，并报州、省备案；最后，退出信息还要在建档立卡系统内作退出处理。

牛红村脱贫的标准完全依照红河州对于贫困村退出标准而确定，即达到"四通一保障，有卫生室，有活动场所，适龄儿童少年有学上"。但由于坦玛乡整体贫困面广，故前几年没有贫困村符合退出标准。按云南省、红河州及红河县的贫困村退出时间计划，2017 年坦玛乡脱贫出列省、州指标任务数为 1 个行政村（坦玛乡坦玛村）；县内指标任务数为 1 个行政村（坦玛乡腊哈村），见表 6–3。

---

① 《我国贫困退出的标准和程序包括四个方面》，国务院新闻办公室网站，www.scio.gov.cn，2016 年 5 月 10 日。

表6-3　2017年垤玛乡计划脱贫出列行政村分解

乡镇	省州指标（贫困村）	县内指标（贫困村）	计划脱贫出列时间
垤玛乡	垤玛村村委会		2017年
		腊哈村村委会	2017年

资料来源：精准扶贫精准脱贫百村调研牛红村调研。

（一）贫困发生率

贫困村贫困发生率降至3%以下是贫困村退出的硬指标。具体实施以2013年红河县乡村户籍人口规模为基础数据，此基础保持5年不变，并作为村级贫困发生率测算统一分母口径。垤玛乡在2017年退出的贫困村人口和贫困发生率见表6-4，牛红村整体退出贫困村的时间节点为2019年底。

表6-4　2017年垤玛乡贫困村退出贫困发生率测算

单位：人，%

贫困村	2017年脱贫人口	2017年末贫困人口	贫困发生率
垤玛村村委会	260	106	2.40
腊哈村村委会	55	28	2.41

资料来源：精准扶贫精准脱贫百村调研牛红村调研。

（二）道路硬化到村

道路硬化到村，指乡镇的行政中心到建档立卡贫困村的道路实施硬化处理，且危险路段有必要的防护措施。交通状况落后是垤玛乡贫困的一个主要原因，因此为改善垤玛、腊哈2个贫困村的路况，红河县政府及垤玛乡政府采取了一定的措施，以保证这 2 个行政村如期出列。

2017 年，红河县交通运输局按照"坚持生态保护与项目建设协调发展"理念，依据"政府主导、部门联动、各司其职、整体推进、条块结合、以块为主、属地实施"的行动原则，狠抓年度脱贫出列贫困村道路建设，并对 2017 年预脱贫的 2 个贫困村公路及沿线环境质量进行集中整治。截至调查进行时，垤玛乡 2017 年脱贫出列的 2 个行政村已实现通村道路硬化。

（三）贫困村通"动力电"

建档立卡贫困村出列的一个要求是村村通"动力电"，具体是贫困村所辖自然村有一户 380V 三相动力电，或为该自然村供电的配电变压器具备通 380V 三相动力电能力。垤玛乡自综合扶贫以来，全部自然村已经通照明用电。在精准扶贫实施过程中，乡政府进一步推进村内通"动力电"的要求。垤玛乡在红河县电力部门的支持下，加快农村电网改造升级，解决电压不达标、架构不合理、不通动力电等问题。2017 年，垤玛乡预脱贫出列的 2 个行政村已实现通动力电，为农民的脱贫致富提供了"动力"，为乡村后续的可持续发展奠定了基础。

（四）贫困村通广播电视

贫困村出列要求广播电视的覆盖率达到 99%，其中有线、无线、卫星三种广播电视覆盖方式，至少有一种通到行政村所辖自然村。垤玛乡近几年按照州、县确定的贫困村脱贫标准，加快贫困户广播电视"户户通"建设，确保脱贫攻坚工作落地见效。牛红村的村民小组都坐落在群山之间，因此普遍采用无线覆盖和卫星覆盖的方式接通广播电视。2017年，垤玛乡计划脱贫出列的2个村委会已以不同形式通广播电视，见表6-5。

表6-5　通广播电视情况

乡镇	贫困村	无线覆盖	卫星覆盖	有线覆盖
垤玛乡	垤玛村村委会	√	√	
	腊哈村村委会		√	

资料来源：精准扶贫精准脱贫百村调研牛红村调研。

（五）贫困村通网络宽带

贫困村出列要求网络宽带覆盖到行政村、学校和卫生室。网络宽带让越来越多的农村特别是贫困村，通过网络宽带接触更多更好的农技信息和市场信息，助力脱贫致富，是精准扶贫的创新举措。垤玛乡移动公司已于2016年完成对所有行政村的网络覆盖情况摸底和建设立项工作，对2017年计划脱贫出列村委会，已于2016年上半年完成宽带和4G网络覆盖，现已提供服务。

网络宽带覆盖到行政村所在地学校和卫生室的工作也已经完成。垤玛乡6个行政村均已覆盖4G网络，宽带网络在2016年上半年完成立项批复投入建设，截至2017年6月30日已经实现全乡行政村及下属的村民小组宽带业务普及。此外，移动公司与教育系统"教育城域网"项目也在推广使用中，全乡已有95%的学校使用宽带业务。

（六）农村饮水有保障

通自来水或饮水水源有保障，人力取水半径不超过1公里，每天人均可获得水量20升以上是贫困村出列的要求之一。牛红村的天然降水丰沛，因此不存在饮用水缺少的问题。垭玛乡政府通过优化新建水源，严格取水口水质检测，新建改造管网等一系列配套工程，提升了各行政村供水水质合格率，保障村民的饮水安全。具体措施有以下几项。（1）对从未实施饮水工程的自然村，新建水源、水池、净水设施和铺设村内管道。（2）对于已实施过的但达不到饮水安全标准的自然村，通过建水源、增设净水设施进行处理消毒、管网改造等措施，达到巩固提升效果。（3）对有水源保障的部分自然村进行集中供水。如：腊哈村村委会的腊哈、洛红、冬哈，垭玛村村委会的为独塔甫、垭玛塔普等。

（七）卫生室建设

卫生室建设是贫困村改造的重要内容，卫生室建设有详细的标准："建档立卡贫困村卫生室建筑面积在60平方米以上，诊断室、治疗室、药房三室分设，医疗设备齐全，按为每千名村民提供服务不少于1名的标准配备乡村医生，每所村卫生室至少有1名乡村医生执业。"农村建设卫生室保障广大农民群众享有基本医疗服务，意义重大。但是农村卫生室建设的资金和乡村医生缺乏是长期面临的困难。红河县政府结合本县农村基层群众医疗卫生需求的实际情况，由县、乡（镇）级政府和村集体筹措资金，用来解决村卫生室房屋改、扩建问题，并配置村卫生室的医疗设备、仪器等基本医疗卫生资源。目前，垤玛乡每个行政村都有建设或改建的村卫生室，牛红村也在行政村的中间位置建了卫生室，并配备了乡村医生。2017年脱贫出列两个行政村的卫生室建设标准，做到三室分设，配齐执业乡村医生，群众"小病不出村"的目标在村卫生室标准化建设中得到了实现，见表6-6。

表6-6　垤玛乡2017年脱贫攻坚卫生室情况

单位：平方米，人

贫困村	卫生室面积	三室是否分开	网络覆盖情况	本行政村常住人口	医务人员人数	医务人员拥有乡村医生执业证人数
垤玛村	100	是	是	4739	4	3
腊哈村	80	是	是	1220	2	2

资料来源：精准扶贫精准脱贫百村调研牛红村调研。

（八）公共活动场所

建档立卡贫困村出列需要有公共活动场所，有活动室，有球场或其他体育活动设施，有农村书屋，党员10人以上（村民200人以上）的村民小组党支部（村民小组）活动场所全覆盖，行政村年集体经济收入1万元以上。2017年，垤玛乡计划脱贫出列的2个行政村已以不同形式覆盖活动场所、球场、活动室等，见表6-7。

表 6-7　红河县 2017 年脱贫出列贫困村公共活动场所覆盖情况

贫困村	活动场所	球场	活动室	农村书屋	体育设施
垤玛村委会	√	√	√	√	√
腊哈村委会	√	√	√	√	√

资料来源：精准扶贫精准脱贫百村调研牛红村调研。

（九）适龄儿童少年有学上

适龄儿童入学率达到国家规定标准，小学学龄儿童入学率达 99.5% 以上，初中毛入学率达 99% 以上，建档立卡贫困村即可出列。对于这个指标，垤玛乡 2017 年两个计划出列贫困村都没有达标，见表 6-8。过去哈尼族不太重视教育，所以适龄儿童入学率较低，这也是中老年人文盲率高的原因。近些年，经过各方面的努力，垤玛乡的基础教育有了相当大的提高，但仍然有一些孩子不上学或者辍学。即便国家和地方政府推出九年制义务教育和中职免费政策，但适龄儿童入学率仍然没有达到脱贫的标准。因此，提高这两个村的适龄儿童入学率是垤玛乡政府的当务之急。为此，垤玛乡政府推出一系列政策，采取强有力的措施，以保证垤玛村与腊哈村如期脱贫。

表 6-8　垤玛乡 2017 年出列贫困村适龄儿童入学情况

单位：万人，%

行政村	适龄儿童人数	入学人数	未入学人数	指标数	入学率	适龄少年人数	入学人数	未入学人数	指标数	入学率
垤玛村委会	658	602	56	99.5	91.5	312	245	67	99	78.5
腊哈村委会	211	131	80	99.5	62.1	59	57	2	99	96.6

资料来源：精准扶贫精准脱贫百村调研牛红村调研。

为了保障村中的适龄儿童都有学上，垤玛乡政府推出以下具体措施。

（1）严格执行控辍保学制度。加强乡、校、村控辍保学组织领导形成合力，加强宣传，营造良好局面，建立健全控辍保学管理机制，压实主体责任，强化督导推进。

（2）健全贫困家庭子女资助体系。以教育脱贫目标为导向，以建档立卡贫困家庭子女为优先，健全学前教育资助制度，认真落实国家"两免一补"和营养改善计划，健全中等职业教育资助制度，实施优秀初中毕业生就读内地县市高中奖励办法，实施建档立卡户子女就读高中免学费和国家助学金政策，以及高校生源地信用助学贷款政策，确保每一位贫困家庭子女顺利完成学业。

（3）进一步改善办学条件。2017 年计划新建 12 栋单体项目，建筑面积 12313 平方米，计划投资 2543 万元。计划配备课桌椅 600 套、双人床架 150 床。

对于按照计划目标如期脱贫的每个贫困乡镇，红河县财政给予一次性奖励 300 万元，用于产业发展和民生改善。于是，垤玛乡为了激励各村委会积极实施精准扶贫，决定评选出一批精准扶贫精准脱贫"脱贫摘帽村"和精准扶贫精准脱贫先进个人、先进集体，并给予激励性物质奖励。按"多脱多扶、少脱少扶"原则，以村委会为单位，每脱贫摘帽一个自然村，原则上安排一个不少于 10 万元的整村扶持项目。

2017 年，垤玛乡政府在全乡整体推进扶贫工作，计划建设一批重点项目（见表 6-9），改善民生，为如期脱贫做好前期准备工作。除垤玛与腊哈两个行政村脱贫外，其他 4 个行政村的许多农户也将在这批重点建设项目中获得实实在在的好处。

表6-9　2017 年垤玛乡建设重点项目

行政村	户	人	2017 年计划建设重点项目	惠及建档 贫困户及人数
垤玛村委会	102	366	整村推进 2 个、易地搬迁 1 个、活动室 1 个、养羊合作社 1 个、道路硬化、危房改造 99 户	76 户 228 人
独格村委会	18	84	人畜分离 250 户、危房改造 25 户、提升茶叶改造 350 亩、活动室 5 个	10 户 63 人
河玛村委会	90	411	危房改造 24 户、易地搬迁 1 个、村级活动室 1 个、球场 1 个	90 户 411 人
腊哈村委会	23	83	产业：竹子、桑葚、草果种植，养鸡厂 1 个、竹筷厂 1 个，作曲美丽乡村，活动室 3 个、腊哈小学建设，普施河堤、人畜分离	23 户 83 人
曼培村委会	186	890	易地搬迁 1 个、危房改造 36 户、传统村落 2 个、活动室 4 个、冬季农业四季豆 80 亩、道路硬化 19 公里	155 户 751 人
牛红村委会	89	366	传统村落 1 个、活动室 4 个、危房改造 30 户、桑葚种植、森林护育	51 户 238 人
全乡合计	508	2200		

资料来源：精准扶贫精准脱贫百村调研牛红村调研。

为保证重点建设的顺利推进，垤玛乡扶贫开发领导小组于 2017 年底成立考核组，对全乡的脱贫出列行政村精准扶贫精准脱贫年度项目实施情况进行量化分值考评。

（1）在签订精准扶贫精准脱贫项目目标责任书的同时，在项目实施前，村民小组、村民委员会、乡镇人民政府，逐级向上一级做出廉政承诺，签订廉政承诺书；对项目资金投入数量、项目建设内容、资金使用及资金到位等情况，在项目实施村进行公示公告。

（2）在精准扶贫精准脱贫项目覆盖区，以群众推荐或按名册抽取等方式，选择群众代表担任精准扶贫精准脱贫项目廉政评议员。30户以下（含30户）的项目区不低于5户，30户以上的不低于10户。

（3）精准扶贫精准脱贫项目完成后，在项目实施村组织贫困群众廉政评议员对项目的选择、项目资金的投入数量、管理使用、建设内容和是否严格实施方案、项目资金是否足额到位等内容进行廉政评议。

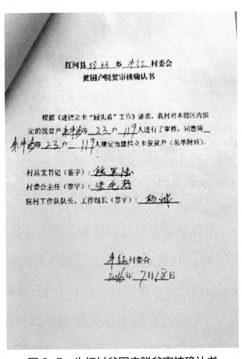

图6-5 牛红村贫困户脱贫审核确认书

（罗静拍摄，时间：2016年12月，地点：牛红村）

三 建档立卡户的退出

红河县的精准扶贫政策规定，建档立卡贫困户得到易地扶贫搬迁、农村危房改造、人畜饮水、产业带动、教育帮扶、资产收益、就业培训、有序转移就业、金融扶持、生态扶持和低保兜底等一个以上资金项目帮扶，达到"两不愁、三保障"的水平就可以脱贫。

（一）2017年垤玛乡计划脱贫出列指标任务

2017年垤玛乡计划脱贫出列总指标任务数为508户2200人，其中省、州指标任务数为277户1200人，垤玛乡计划脱贫出列指标任务数为231户1000人。其中，牛红村计划贫困的农户有89户366人。达到云南省、红河州脱贫指标的有17户79人，达到红河县级脱贫指标有72户287人，见表6-10。

表6-10　2017年垤玛乡脱贫出列户数及人口数指标分解

单位：人，户

村委会	2016年末保留贫困人数	总指标		其中：省州指标		其中：县内指标	
		计划脱贫户数	计划脱贫人数	计划脱贫户数	计划脱贫人数	计划脱贫户数	计划脱贫人数
垤玛村委会	366	102	366	102	366	0	0
独格村委会	301	18	84	11	51	7	33
河玛村委会	1152	90	411	20	93	70	318
腊哈村委会	83	23	83	23	83	0	0
曼培村委会	2204	186	890	104	528	82	362
牛红村委会	1681	89	366	17	79	72	287
全乡合计	5787	508	2200	277	1200	231	1000

资料来源：精准扶贫精准脱贫百村调研牛红村调研。

2017 年动态调整时，省州指标录入系统，县内指标仅做纸质台账。

2017 年垤玛乡计划脱贫出列总指标任务数为 508 户 2200 人，其中包括垤玛村村委会和腊哈村村委会共 2 个行政村。牛红村的整体脱贫放在了 2018 年（见表 6-11）。当然，这个只是计划脱贫，真正做到如期脱贫还有许多困难要克服。

表 6-11　垤玛乡 2015~2018 年四年脱贫计划

单位：户，人

脱贫时间 行政村	2015 年初建档立卡总数		2015 年已脱贫		2016 年已脱贫		2017 年预脱贫		2018 年预脱贫		出列年度
	户数	人数	户数	人数	户数	人数	户数	人数	户数	人数	
垤玛村委会	186	706	45	170	39	170	102	366	—	—	2017
独格村委会	148	612	28	113	46	198	18	84	56	217	2018
河玛村委会	308	1335	28	123	13	60	90	411	177	741	2018
腊哈村委会	63	269	25	102	15	84	23	83	—	—	2017
曼培村委会	533	2351	32	122	7	25	186	890	308	1314	2018
牛红村委会	410	1836	23	119	10	36	89	366	288	1315	2018
总计	1648	7109	181	749	130	573	508	2200	829	3587	2018

资料来源：精准扶贫精准脱贫百村调研牛红村调研。

（二）贫困人口退出标准：稳定达到"两不愁、三保障"[1]

贫困户人均纯收入稳定超过国家扶贫标准（按国家规定，贫困标准每年都在上升），达到不愁吃、不愁穿后便可退出。贫困户人均纯收入指贫困户当年从各来源得到的总收入相应扣除所发生的费用后的收入总和，按收入的性

---

[1]　"两不愁、三保障"具体指不愁吃、不愁穿，义务教育、基本医疗和住房安全有保障。

质划分为工资性收入、家庭经营收入、财产性收入和转移性收入。

为确保 2017 年的精准脱贫任务顺利完成，牛红村采取了一系列措施。诸如，对有产业发展意愿、发展能力的贫困户，每户安排产业发展直补资金 2000 元，在同等条件下，优先向 2017 年预脱贫建档立卡贫困户安排。产业扶贫的直补资金原则上直接拨付到专业合作社，作为贫困户参股、入股资金，进一步明晰利益分成方式，或由相关责任人具体监管，直接投入生产过程，尽量不要出现"撒胡椒面"式的现金直接发放到户。充分利用产业到户资金为贫困户提供"菜单式"扶贫，使贫困户至少可选择 1~2 项增收万元以上的产业作为脱贫致富之本，所需资金总额为 101.6 万元，见表 6-12。

表 6-12　2017 年脱贫户均 2000 元分解

村委会	脱贫户数（户）	脱贫人数（人）	专项资金安排（万元）	户均补助（万元）	计划用途
埂玛村委会	102	366	20.4	0.2	养牛合作社
独格村委会	18	84	3.6	0.2	养鸡、养鸭
河玛村委会	90	411	18	0.2	养猪、养鸡
腊哈村委会	23	83	4.6	0.2	养鸡、养鸭
曼培村委会	186	890	37.2	0.2	养鸡、养鹅
牛红村委会	89	366	17.8	0.2	养鹅合作社
全乡合计	508	2200	101.6		

资料来源：精准扶贫精准脱贫百村调研牛红村调研。

调研过程中，课题组从埂玛乡政府和牛红村村委会了解到，由于贫困面大、基础设施落后，牛红村脱贫发展大约需要投资 7138.25 万元，其中，基础设施建设工程

1266.6 万元、增收产业发展工程 399.35 万元、人居环境改善工程 5136 万元、基本公共服务工程 328.3 万元、能力素质提升工程 8 万元。资金来源与投向由垤玛乡政府统一调整。2016 年计划投入 2592.3 万元，2017 年计划投入 2473.95 万元，2018 年计划投入 2072 万元，2019~2020 年（巩固提升）计划投入 3000 万元。调研组在垤玛乡政府了解到，如此大的投入，当地政府显然是难以按计划统筹到的。

第二节　牛红村精准扶贫的成效

幸福生活是奋斗出来的，这句话在牛红村最近 10 年的发展中得到印证。

牛红村由于土地贫瘠，常年处于深度贫困的状态中，村民连最起码的温饱都难以解决。精准扶贫施行以来，当地政府在社会各界的大力支持下，结合实际情况找准症结、立足实际，全身心投入精准扶贫工作中，为牛红村每个自然村做了详尽的发展规划。这些规划具体到每个自然村的人口规模、道路规划、产业布局、公共设施建设等方面，描绘出牛红村未来的发展蓝图，这在牛红村历史上是第一次。除各个自然村的发展规划外，牛红村村委会还为建档立卡户制定了农业发展规划，包括各种养殖业、种植业项目，使之形成"龙头企业＋基地＋农户"的模式，带动全村经济发展；为外出务工的农民进行专业的技能培训，助力贫困户精准脱贫，增强贫困村造血功能。

与以往扶贫不同的是，这次脱贫攻坚贵在精准、重在实效，而且广泛动员了社会力量参加，特别是工商联会员企业与贫困户以结对联系、联手共建的方式广泛参与精准扶贫行动。牛红村贫困户的帮扶人主要来自红河县林业局、垤玛乡政府及中国电信股份有限公司红河分公司等单位，每位帮扶人帮扶 2~5 户，通过产业扶贫、电商扶贫、商贸扶贫、就业扶贫和劳务输出等，做了大量卓有成效的工作。对于特殊情况而无法靠自身力量摆脱贫困的村民，牛红村在垤玛乡政府以及县政府的帮助下，通过优化整合民政、扶贫、人力资源和社会保障等部门的信息，完善农村低保户、贫困户、特困人员、残疾人信息管理数据，实现数据互通、信息共享，实现帮扶全过程的信息化管理，进而实现脱贫路上一个群众也不能掉队的目标。

习近平总书记指出："坚持精准扶贫、精准脱贫，重在提高脱贫攻坚成效。"检验脱贫攻坚的成效的重要指标就是建档立卡户能否如期脱贫。尽管牛红村的脱贫工作还在进行之中，但建档立卡户中逐渐摆脱贫困的越来越多。2016 年牛红村的建档立卡户有 387 户 1714 人；当年脱贫 10 户 36 人；2017 年预计脱贫 89 户 366 人；到 2018 年底，预计剩下的 288 户全部脱贫。牛红村的村容更是在这些年获得了较大改观，在道路、用电及用水等方面，较之以前有很大的改善，每个牛红村人或多或少都从中受益。调研组在问及村民"得到的帮扶"时，被访者中有 75.4% 的人称得到了"基础设施建设"。

精准扶贫的成效，还体现在牛红村人的生活满意度。生活满意度，通常是指个体基于自身设定的标准对生活质量做出的主观评价，是衡量某一社会人们生活质量的重要参数。作为认知因素，生活满意度影响着个体的情绪体验，从而影响到个体生活目标的定位和行为追求的取向，对个体乃至社会都会产生重要影响。精准扶贫政策施行以来，牛红村民吃饭穿衣问题已经得到解决，稳定达到"两不愁、三保障"，村民生产生活环境有了很大的改善，牛红村村民的生活满意度也随之提升。

我们让被访者对生活满意度从 1 到 5 进行打分，1 代表非常不满意，2 是不满意，3 是基本满意，4 是比较满意，5 是非常满意。抽样调查的数据显示，从总体来看，受访者对现在生活状况满意程度并不高，只有 3.7，见表 6-13。表明牛红村与外界生活生产条件好的村庄比较，还存在相当大的差距。

表 6-13　牛红村民的自我生活评价

生活评价	样本	极小值	极大值	和	均值
总体来看，对现在生活状况满意程度	72	2	5	266	3.7
你昨天的幸福感程度如何	72	2	5	231	3.2
与 5 年前比你家的生活变得怎样	70	1	5	152	2.2
你觉得 5 年后你家的生活会变得怎么样	72	1	5	183	2.5

生活评价	样本	极小值	极大值	和	均值
与多数亲朋好友比，你家过得怎么样	72	2	5	266	3.7
与本村多数人比，你家过得怎么样	72	2	5	272	3.8
有效的样本	70				

资料来源：精准扶贫精准脱贫百村调研牛红村调研。

注：1. 非常满意，2. 比较满意，3. 一般，4. 不太满意，5. 很不满意。

精准扶贫是相对于粗放扶贫而言的，是运用科学有效程序对扶贫对象实施精确识别、精确帮扶、精确管理的治贫方式。对贫困户进行建档立卡就是精准管理的措施，为精准扶贫提供了参考依据。2017 年调研时，牛红村的精准扶贫已经开展了两年多，并且实施过程中进行动态管理，有进有出。课题组的问卷将受访者区分为在 2016 年底是否为建档立卡户，由此对扶贫满意度进行区别分析。

（一）非建档立卡户

课题组是从牛红村委会的建档立卡信息库里面随机选择的这部分被访者。根据村委会提供的信息，课题组明确知道在 2016 年底这些被访者不是建档立卡户，共有 13 位。调查数据显示，这 13 位受访者中有 81.9% 的"不清楚"自己是否曾经是建档立卡户，只有 8.3% 的人明确自己曾经是建档立卡户，见表 6-14。

对于回答"是"的比例较低的问题，课题组考虑是，"建档立卡户"是一个非常官方的称呼，村民对此比较陌生。在与村民接触的过程中，课题组了解到，评建档立卡户时，村民们只是将其称作"贫困户"，他们只是知道自己是不是贫困户，对于"建档立卡户"这个称呼是感到陌生的。由于整体的样本量太小，课题组无法对其他原因做出深入分析。

表6-14　你家是否曾经为建档立卡户

单位：人，%

是否建档立卡户	频数（人）	百分比（%）	有效百分比（%）	累计百分比（%）
是	6	8.3	8.3	8.3
不是	7	9.7	9.7	18.1
不清楚	59	81.9	81.9	100.0
合计	72	100.0	100.0	

资料来源：精准扶贫精准脱贫百村调研牛红村调研。

在回答"调整（建档立卡户名单）时，乡村干部有没有来过你家调查"，13位合格的被访者中有11位被访者回答"有"。在回答"调整（建档立卡户名单）时，你家有没有签字盖章"时，有10位被访者回答问题，有5人回答"盖了章"，有4人回答"没有"，还有1人回答"不知道"。

对于"调整后的名单有没有公示"的问题，有一半的受访者回答"有"，有一半回答"不知道"，见表6-15。村委会干部证明调整后的名单确实进行过公示，但部分村民没有看到过名单，或者对之没有关注。同时，由于牛红村这次的被访者中有60%文盲，因此课题组也怀疑村民们对于问卷中"公示"一词的理解是否准确。

表6-15　调整后的名单有没有公示

单位：人，%

公示与否	频数	百分比	有效百分比	累计百分比
有	5	6.9	50.0	50.0
不知道	5	6.9	50.0	100.0
小计	10	13.9	100.0	
系统缺失	62	86.1		
合计	72	100.0		

资料来源：精准扶贫精准脱贫百村调研牛红村调研。

　　在10位回答者中，对于调整结果感到满意的有6位，占60%。不满意的有1位，占10%。还有30%的被访者觉得"无所谓"，见表6-16。

表6-16　你对调整的结果是否满意

单位：人，%

调整结果是否满意	频数	百分比	有效百分比	累计百分比
满意	6	8.3	60.0	60.0
不满意	1	1.4	10.0	70.0
无所谓	3	4.2	30.0	100.0
小计	10	13.9	100.0	
系统缺失	62	86.1		
合计	72	100.0		

资料来源：精准扶贫精准脱贫百村调研牛红村调研。

　　在接下来关于"你对调整的程序是否满意"的访谈中，感到满意的有7位，占70%；不满意的有1位，占10%；还有20%的被访者觉得"无所谓"，见表6-17。

表 6-17　你对调整的程序是否满意

单位：人，%

调整程序	频率	百分比	有效百分比	累计百分比
满意	7	9.7	70.0	70.0
不满意	1	1.4	10.0	80.0
无所谓	2	2.8	20.0	100.0
小计	10	13.9	100.0	
系统缺失	62	86.1		
合计	72	100.0		

资料来源：精准扶贫精准脱贫百村调研牛红村调研。

对于"政府为本村安排的各种扶贫项目是否合理"这一问题，认为"很合理"的有 1 位，占 8.3%；认为"比较合理"的有 6 位，所占比例是 50%。"很合理"与"比较合理"的比例合计 58.3%，而认为"一般"的有 41.7%，见表 6-18。这表明牛红村的非建档立卡户对近几年"政府为本村安排的各种扶贫项目"的认可度较高。

表 6-18　政府为本村安排的各种扶贫项目是否合理

单位：人，%

项目是否合理	频率	百分比	有效百分比	累计百分比
很合理	1	1.4	8.3	8.3
比较合理	6	8.3	50.0	58.3
一般	5	6.9	41.7	100.0
小计	12	16.7	100.0	
系统缺失	60	83.3		
合计	72	100.0		

资料来源：精准扶贫精准脱贫百村调研牛红村调研。

非建档立卡户中认为"政府为本村贫困户安排的各种扶贫项目""很合理"和"比较合理"的比例是 54.6%，认为"一般"的有 36.4%，还有 9.1% 的人觉得"说不清"。

该组数据表明，牛红村的非建档立卡户对近几年"政府为

本村贫困户安排的各种扶贫项目"的认可度也较高。见表

6-19。

表6-19　政府为本村贫困户安排的各种扶贫项目是否合理

单位：人，%

项目是否合理	频数	百分比	有效百分比	累计百分比
很合理	1	1.4	9.1	9.1
比较合理	5	6.9	45.5	54.6
一般	4	5.6	36.4	90.9
说不清	1	1.4	9.1	100.0
小计	11	15.3	100.0	
系统缺失	61	84.7		
合计	72	100.0		

资料来源：精准扶贫精准脱贫百村调研牛红村调研。

有 12 位被访者回答了"你是否享受过扶贫政策"这

道题，有 50% 的人回答"有"，33.3% 的回答"没有"，

16.7% 的人回答"不知道"，分别是 6 人、4 人、2 人，

见表 6-20。有 6 个被访者回答有享受到了国家的扶贫政

策，这 6 位被访者正是曾经的建档立卡户，在 2016 年之

前已退出。

表6-20　你是否享受过扶贫政策

单位：人，%

是否享受过扶贫	频数	百分比	有效百分比	累计百分比
有	6	8.3	50.0	50.0
没有	4	5.6	33.3	83.3

是否享受过扶贫	频数	百分比	有效百分比	累计百分比
不知道	2	2.8	16.7	100.0
小计	12	16.7	100.0	
系统缺失	60	83.3		
合计	72	100.0		

资料来源：精准扶贫精准脱贫百村调研牛红村调研。

有 6 位被访者回答了"享受过何种扶贫政策"这个问题，有 4 位被访者享受了"种粮补贴"，有 1 位被访者享受了"美丽家园"，有 1 位被访者享受了"生态公益林补贴"，见表 6-21。三个不同的回答，表明 6 名享受过扶贫政策的被访者从三个方面得到政府的帮扶。

表 6-21 享受过何种扶贫政策

单位：人，%

扶贫政策	频数	百分比	有效百分比	累计百分比
系统缺失	66	91.7	91.7	91.7
美丽家园	1	1.4	1.4	93.1
种粮补贴	4	5.6	5.6	98.6
生态公益林补贴	1	1.4	1.4	100.0
合计	72	100.0	100.0	

资料来源：精准扶贫精准脱贫百村调研牛红村调研。

（二）建档立卡户

课题组问卷选取的合格的被访者是 2016 年底的建档立卡户。在所有 72 位被访者中有 59 位建档立卡户，以下问题都是针对这 59 位被访者进行的。

在问及"哪一年成为建档立卡户"时，有 60 位被访者回答了这个问题。其中，1名村民回答2014年，占1.7%，这位被访者2016年已经脱贫，因此，2016年已经不是建档立卡户；46名村民回答2015年，占76.7%；12名村民回答是2016年，占20.0%，见表6-22。从回答的结果来看，大部分村民能记得2015年政府开始对贫困户进行建档立卡。

表6-22　哪一年成为建档立卡户

单位：人，%

成为建档立卡户年份	频数	百分比	有效百分比	累计百分比
2014	1	1.4	1.7	1.7
2015	46	63.9	76.7	78.3
2016	12	16.7	20.0	98.3
不清楚	1	1.4	1.7	100.0
小计	60	83.3	100.0	
系统缺失	12	16.7		
合计	72	100.0		

资料来源：精准扶贫精准脱贫百村调研牛红村调研。

当问及"2017年初是否已经是脱贫户"时，只有1户回答"是"，占所有被访者的比例是1.9%。按照垡玛乡的脱贫计划，牛红村在2018年将实现全面脱贫，在2017年只有少数几户农户脱贫。

在问及"哪一年脱贫"时，46名被访者回答"不清楚"，占到97.9%；只有1名被访者"清楚"自己"2016年脱贫"。根据垡玛乡政府制订的脱贫计划，牛红村计划在2018年整体脱贫，但这是一项很艰巨的任务，尚有许多工作需要去做。2015年确立的建档立卡户多达410户

1836 人，其中 2015 年脱贫 23 户，2016 年预计脱贫 10 户。在 72 份问卷中，有 46 份被访者回答"不清楚"，见表 6-23。

表 6-23　哪一年脱贫

单位：人，%

哪年脱贫	频数	百分比	有效百分比	累计百分比
2016	1	1.4	2.1	2.1
不清楚	46	63.9	97.9	100.0
小计	47	65.3	100.0	
系统缺失	25	34.7		
合计	72	100.0		

资料来源：精准扶贫精准脱贫百村调研牛红村调研。

在问及"认定脱贫时乡干部有没有来过你家"时，被访者中有 93.9% 回答村干部曾到过农户家里。这组数据可能存在大的偏差，可能很多农户把"认定脱贫"与"认定贫困"及"调整（建档立卡户名单）"时的乡干部上门走访混淆在一起，故有高达 93.9% 的比例，见表 6-24。事实上，截至 2017 年 8 月牛红村大部分贫困户仍然没有脱贫。课题组在垭玛乡政府看到的"垭玛乡贫困人口分布及脱贫计划图"显示，2016 年牛红村的建档立卡户有 387 户 1714 人，当年预计脱贫 10 户 36 人；2017 年预计脱贫 89 户 366 人口，但访谈人员进行问卷调查的时候，这 89 户仍然没有脱贫。所以，牛红村在 2017 年 8 月脱贫的农户非常少，被访谈者中就更少之又少了。

表6-24　认定脱贫时乡干部有没有来过你家

单位：人，%

干部是否来过	频数	百分比	有效百分比	累计百分比
来过	46	63.9	93.9	93.9
没来过	1	1.4	2.0	95.9
不知道	2	2.8	4.1	100.0
小计	49	68.1	100.0	
系统缺失	23	31.9		
合计	72	100.0		

资料来源：精准扶贫精准脱贫百村调研牛红村调研。

　　在问及"认定脱贫时你家有没有签字盖章"时，被访者中有54.2%回答签字盖章。这组数据的偏差与"认定脱贫时乡干部有没有来过你家"时的情况一样，被访者把"认定脱贫时你家有没有签字盖章"与"认定贫困"及"调整（建档立卡户名单）"时的签字盖章混淆在一起，故有高达54.2%的比例。截至2017年8月牛红村建档立卡户脱贫的人数不多，被访者中的比例应该更低。在问及"认定脱贫后，脱贫名单有没有公示"时，有79.2%的受访者表示"不知道"，见表6-25。调查组在垭玛乡政府的档案室里找到了留存的公示，但公示能否真正做到公开、透明、公正，对于文盲率高达70%的牛红村村民来说并没有多大实际意义，其起到的监督作用不是很大。

表6-25　认定脱贫后，脱贫名单有没有公示

单位：人，%

是否公示	频数	百分比	有效百分比	累计百分比
有	9	12.5	18.8	18.8
没有	1	1.4	2.1	20.9

是否公示	频数	百分比	有效百分比	累计百分比
不知道	38	52.8	79.2	100.0
小计	48	66.7	100.0	
系统缺失	24	33.3		
合计	72	100.0		

资料来源：精准扶贫精准脱贫百村调研牛红村调研。

经过这些年的综合扶贫，牛红村村民的生活水平较之以前有了较大改善，虽然这与政府的脱贫指标与要求还有相当大的差距，但对于之前连饭都吃不饱的农民来说，已经是相当大的改善了。在访谈中几乎所有的村民都坦言这些年牛红村的改变相当大。所以，49.0%的被访者对脱贫结果是感到"满意"的。但被访者中也有32.7%的人对脱贫结果感到"不满意"，见表6-26。这个"不满意"反映了牛红村当下的贫困现实。此外，有18.4%的被访者对脱贫结果觉得"无所谓"。

表6-26　你对你家脱贫结果是否满意

单位：人，%

是否满意	频数	百分比	有效百分比	累计百分比
满意	24	33.3	49.0	49.0
不满意	16	22.2	32.7	81.6
无所谓	9	12.5	18.4	100.0
小计	49	68.1	100.0	
系统缺失	23	31.9		
合计	72	100.0		

资料来源：精准扶贫精准脱贫百村调研牛红村调研。

牛红村人对"你对认定脱贫的程序是否满意"的回答，与对脱贫结果的满意度基本持平，略有出入：45.8%的被访者对脱贫程序感到"满意"，29.2%的被访者对脱贫结果感到"不满意"，25.0%的被访者对脱贫结果觉得"无所谓"，见表6-27。

表6-27　你对认定脱贫的程序是否满意

单位：人，%

是否满意	频数	百分比	有效百分比	累计百分比
满意	22	30.6	45.8	45.8
不满意	14	19.4	29.2	75.0
无所谓	12	16.7	25.0	100.0
小计	48	66.7	100.0	
系统缺失	24	33.3		
合计	72	100.0		

资料来源：精准扶贫精准脱贫百村调研牛红村调研。

对于计划哪一年脱贫，54位回答这个问题的被访者全都"不清楚"。这个数据与46名被访者回答"不清楚"的情况具有相似性。事实上，在牛红村人的世界里，脱贫没有一个具体的标准，村民能感觉到这些年的改变，但与外界相比仍然贫穷。脱贫标准是什么？怎么样就算"脱贫"？不仅仅是村民不清楚，就是村干部也说不清楚，他们只是重复乡里的说法，或在等待乡政府的"脱贫"安排。

在问及"得到的帮扶"时，被访者中有75.4%的人称得到了"基础设施建设"。牛红村在综合扶贫以来在道路、用电及用水等方面，较之以前确实有很大的改观，每个牛红村人或多或少都从中受益。而一些经济条件好也有搬迁意愿的农户，响应乡政府提出的"易地搬迁"，获得了更大的帮扶，被访者中有 21.7% 的人称享受到了"易地搬迁"的帮扶。此外，访者中有 2.9% 的人称得到了"公共服务和社会事业"的帮扶，但对于何谓"公共服务和社会事业"，他们也讲不清楚，见表 6-28。

表 6-28　建档立卡户得到的帮扶

单位：个，%

得到帮扶项目	响应		个案百分比
	样本	百分比	
易地搬迁	15	21.7	27.3
基础设施建设	52	75.4	94.5
公共服务和社会事业	2	2.9	3.6
总计	69	100.0	

资料来源：精准扶贫精准脱贫百村调研牛红村调研。

在牛红村村民中，扶持方式最多的是"资金扶持"（65.4%），大多数农户也渴望获得此项"帮扶"，资金扶持可能让农户有更实在的获得感。其次是"技术支持"（19.2%）和"产业化带动"（11.5%），二者合计 30.7%，只有资金扶持的一半左右，见表 6-29。造成如此差异的原因是多方面的，但其中也存在一个"输血"与"造血"的差异，即通常说的"雪中送炭"与"授人以渔"的问题。牛红村村民科技意识淡薄，农村产业水平低，村民更愿意接受资金扶持这样"实实在在"的扶持。

表6-29　建档立卡户得到的扶持方式

单位：个，%

扶持方式	响应		个案百分比
	样本	百分比	
资金扶持	17	65.4	89.5
产业化带动	3	11.5	15.8
技术支持	5	19.2	26.3
其他	1	3.8	5.3
总计	26	100.0	

资料来源：精准扶贫精准脱贫百村调研牛红村调研。

被访者中，有9位被访者回答了"参加培训的类型"，其中7位被访者参加了"农村实用技能培训"，2位参加了其他培训，内容是养猪，见表6-30。被访者参加培训的类型，主要还是集中在农作物栽培、生猪喂养等方面。

表6-30　参加培训的类型

单位：个，%

培训类型	响应		个案百分比
	样本	百分比	
农村实用技能培训	7	77.8	77.8
其他（养猪）	2	22.2	22.2
总计	9	100.0	100.0

资料来源：精准扶贫精准脱贫百村调研牛红村调研。

第三节　牛红村精准扶贫的机制

经过几年的探索，牛红村人在县、乡政府及相关帮扶单位的帮助下，从本村的实际情况出发，紧盯脱贫目标、细化举措，在务工创收、产业培育、发展教育和移风易俗等方面工作持续用力，着力构建精准扶贫长效机制。

牛红村地不够平、林不够茂，被群山环抱、低丘缓坡缠绕，人多地少，村民贫困，温饱问题有时都难以解决。因而，加快农村剩余劳动力转移，促进贫困地区农民的非农就业，实现农民的收入增长，是解决农村贫困问题的迫切需要。牛红村的实践也证明了这是一条可取的途径。近几年，垤玛乡党委、政府首先从转变农民思想入手，加大劳务输出政策的宣传力度，每年多次邀请红河县劳务公司人员深入全乡宣传讲解劳务政策，并召开全乡劳务输出大会；请在外务工比较成功的人员返乡介绍经验，调动全乡富余劳动力外出打工的积极性，整个垤玛乡形成了外出务工致富的共识。如今，牛红村长期或者短期在外务工的村民非常多，达到数百人。许多村民外出打工不但解决了自身的温饱和就业问题，还用打工收入返乡建了新房，购买了现代化的家用设备，家庭生活条件得到了改善，生活水平明显提高。更为重要的是，部分村民外出务工不仅增加了收入，而且学到了一技之长并改变了思想观念，回乡后开始投资创业，为摘掉牛红村的贫困帽子做贡献。

然而，乡村振兴关键还在产业兴旺。贫困地区脱贫最根本的还是要发展、培育特色优势产业。牛红村人不能一味依靠务工收入脱贫，归根到底还是要发展本地产业，应以"精准扶贫"工作为切入点，采取"输血济困"与"造血帮扶"相结合的办法，不断推动优质资源，走原地就近扶贫、产业扶贫的道路，让群众获得看得见、摸得着的实惠。目前，垭玛乡对各个村寨开始了大规模建设，扶持养殖业，兴办乡镇企业，建立各种合作社，发放小额扶贫资金。正如垭玛乡乡长周绕斌说道：

> 一个地方要发展，是需要支柱产业来支撑的，目前是靠劳务输出来支撑，但是本地没有长期的产业来支撑是不行的，就像福建、浙江，产业是旅游和茶叶，云南是烟草、普洱茶，那么回归到垭玛，也要有产业。我们这就有焖锅酒产业、养殖业。

垭玛乡要实现小康，实现真正发展，单纯依靠焖锅酒产业可能也是无法做到的，但至少迈出了第一步。在政府政策的鼓励下，已经有不少外出务工人员返乡创业，他们中多为年轻人。村民朱阿者就是其中一位返乡者。他中专毕业后在广州、四川及东北等地务工。返乡后自己投资 20 多万元（自己积蓄与筹借十多万元，另外十多万元银行贷款）在牛红村建造 760 平方米的养殖场，目前养殖场已经建成。牛红村类似这样返乡创业的年轻人还有好几位，不过他们都面临资金不足的困境。由于国家层面能分拨到当地的扶贫资金有限，当地又没发展的财力。未来当地政府应通过资源整合，培养产业带头人，吸引本土人才回乡创业，实现原地就近脱贫。

牛红村人还把发展教育阻断贫困代际传递作为最大的政治任务和最根本的扶贫工程。近些年，牛红村在上级政府帮助下着力构建教育精准扶贫机制，在控辍保学、贫困生教育扶贫救助、引导教育贫困群众等几个方面持续用力。在普惠性政策支持的基础上，牛红村坚持"扶真贫、真扶贫"，将教育惠民政策资助和教育精准扶贫工作深度融合，做到了精准识别、精准对接、精准资助、应助尽助，构建起从学前教育到高等教育等各学段全覆盖的贫困户学生资助体系。青年一代的牛红村人，不会再像其父辈一代目不识丁、足不出户、固守贫困。

牛红村村委会在各级党委、政府的指引下，努力把移风易俗工作与精准脱贫工作紧密结合起来，制定奖惩措施，统筹推进移风易俗工作的制度化、常态化。针对牛红村人大操大办丧葬礼俗，政府加强推动移风易俗，树立文明乡风，采取典型引导、点面结合、条块联动的思路，通过教育引导、典型示范和村民自治等方式，建立完善红白理事会、村规民约等群众自治组织和章程，倡导婚丧节俭，发挥乡风评议、干部引领、典型带动、宣传引导、群众评价、社会监督的力量，弘扬新正气、树立文明乡风。

第七章

牛红村实施精准扶贫的困扰与
未来乡村振兴展望

牛红村自 2015 年全面实施精准扶贫，由于精准扶贫政策在全国是第一次开展，因此很多工作需要在实践中探索，比如，哈尼族的早婚现象所造成的户口登记不精准给贫困户的识别带来的困扰等。牛红村所面临的困难与其他少数民族农村所面临的问题有相通性，牛红村在推进精准扶贫的过程中如何将这些困难一一化解，对其他相同类型地区具有启发性。

第一节 少数民族户籍与复杂的农村生活

在精准扶贫之初，牛红村建档立卡户的识别是以户口为基本单位推行的。但这种识别标准，在牛红村这样的少数民族村庄执行时遇到了困难，因为以往少数民族地区都不重视户口信息的及时更新，这次精准扶贫进行入户调查的时候才发现户口登记跟实际居住人口有很大的差异。

牛红村存在大量没有报户口的超生人口。2010 年，牛红村人口在籍数字统计为 2820 人，垤玛乡曾经预计 2015 年人口达到 3024 人，2030 年达到 3239 人。2015 年 12 月 31 日，国务院办公厅印发《关于解决无户口人员登记户口问题的意见》，提出要全面解决无户口人员登记户口问题。根据这个文件，政府工作人员对实际居住人口的户口进行了摸底登记，至 2016 年底牛红村登记在籍人口达到 3239 人，比预计的 2015 年人口多出 200 余人，达到 2030 年预计的人口规模。

因为建档立卡户要以户籍为准，户籍人口和实际居住人口不一致的情况给牛红村的建档立卡户识别带来一定的困难。建档立卡户的登记工作主要是在 2014~2015 年完成的，而国务院颁发全面解决无户口人员登记的文件是在 2015 年底，因此这里存在着时间差，导致最初的识别登记人数与实际的人数有出入。对于牛红村户籍人口和家庭实际人口不一致的情况及其原因，当地政府都是熟知的，也是习以为常的。若不是当下的精准扶贫，村民不会觉得这对自己生活有多大的影响。殊不知，户口管理的混乱给牛红村的"精准扶贫"带来一系列麻烦，增加了扶贫工作的难度。牛红村村委会干部对于村里实际人口和户籍不一致的情况也很无奈，这个现象是普遍存在的：

> 这边80%的姑娘在17~18岁就嫁了，没满20岁，（户籍）系统登录不进去，现在这种状况也还有；还有嫁过去的那边家庭分裂了，没办法只能迁回来，（户籍系统）也录不进去；嫁进我们村，户口却在外面的；还有老人去世了户口没注销的。我们村还有一个情况，超生太严重了。

课题组了解得知牛红村人口数据管理混乱大致有以下几方面原因。一是户口申报出现混乱。牛红村很多新生儿出生后，父母亲并不按规定申报户口，或出于超生、逃避计生罚款等原因而故意迟报、不报，致使户籍登记从一开始就缺乏准确性。二是村民对户口登记的不重视，因此很多人尤其是老人根本就不登记户口。牛红村有很多中老年人没有出过乡，又不存在升学、当兵、就业及外出旅游等事情，户籍与身份证于他们关系不大。三是双户口、挂靠户等现象存在。部分村民超生子女，为了躲避计生处罚，托关系、找路子，或将小孩户口登记在一些老年无子女的人员名下，后期或偷偷转走，或成为挂靠户。四是漏登、错登。前些年政府部门的户口管理由纸质向电子档案转变过程中，部分人员长期在外打工，派出所到村、组核对时找不到当事人，致使部分人员的户口漏登、错登。

牛红村户口管理混乱的问题，给之后的精准扶贫带来一系列麻烦，增加了扶贫工作的难度。在之后的精准扶贫工作检查中，乡、村工作人员不得不再次深入基层，逐村、逐组、逐户、逐人进行核实，纠错纠偏，重新确定建档立卡户。同时，村委会向村委会广泛宣传，全面发动，做到家喻户晓，让所有农户认识到户籍管理与人口登记的重要性，从而自觉进行户口申报。

户口管理工作是民生中的一件大事，关系到普通百姓升学、当兵、就医、结婚等诸方面，与群众的利益息息相关。牛红村的建档立卡户数据最后由垤玛乡扶贫办的工作人员统一向云南省扶贫办和国家扶贫办上报。农村实际生活与系统中精确的数字总是存在不能完全一致的情况，因此在将牛红村的贫困人口数据信息向国家扶贫办的系统中填报时，便出现了很多意料外的情况，在垤玛乡扶贫办工作的倪阿波告诉课题组：

> 现在最大的问题是：比如他们规定给我们垤玛乡多少的建档立卡户，但实际上统计出来还不止这些，名额就这些，也造成我们的识别度不高。每年退出和增加的人数是不一样的，但名额却只有那几个，退出5人一户的还必须找一户5人的，不能找8人的，这也不能够精准。问题反映很多次了，但很难解决。我们现在的基本问题是：上面的文件把我们压死了，我们要按数据来，

但实际情况却不是如此。

坾玛乡扶贫办的所说的"指标"源于2014年4月2日国务院扶贫办印发的《扶贫开发建档立卡工作方案》的通知。在该工作方案的附件中有《贫困人口规模分解参考方法》，该《参考方法》中对于如何确定该地区的建档立卡户数做了非常详细的规定，现将该《参考方法》全文奉上，帮助读者自上而下还原建档立卡户的"指标"来源。

扶贫开发建档立卡工作方案——贫困人口规模分解参考方法

一、工作原则

为提高贫困户识别的准确度和可操作性，按照"县为单位、规模控制、分级负责、精准识别、动态管理"的原则，结合本地实际情况将贫困人口规模逐级分解。

二、工作主体

贫困人口规模分解主要由各级扶贫部门负责，其中人均纯收入等数据主要来源于统计部门。

三、操作方法

贫困人口规模分解采用自上而下、逐级分解的办法，到市到县的贫困人口规模分解可依据国家统计局调查总队提供的乡村人口数和低收入人口发生率计算形成；到乡到村的贫困人口规模数由于缺少人均纯收入等数据支撑，可依据本地实际抽取易获取的相关贫困影响因子计算本地拟定贫困发生率，结合本地农村居民年末户籍人口数算出。

（一）到市到县的规模分解

第一步，从调查总队收集录入市、县的乡村人口数、低收入人口发生率。

第二步，计算下一级（市、县）的贫困人口规模数。

公式1：下一级规模数＝下一级乡村人口数×下一级低收入人口发生率

第三步，结合实际，微调贫困人口规模控制数，原则上要求上一级贫困人口规模总数＝Σ下一级各样本贫困人口规模控制数。比如，某省下一级各地市贫困人口规模数之和应等于该省的贫困人口规模总数。

（二）到乡到村的规模分解

第一步，收集下一级（乡、村）行政中心到上级地区行政中心距离、乡（村）地势类型、基础设施状况、公共服务水平、农民人均纯收入、上年度贫困发生率和农村居民年末户籍人口数等易获取的指标数据。

第二步，利用加权平均和隶属函数计算各乡、村的拟定贫困发生率P；各地也可以结合本地实际，自行确定计算乡（村）贫困发生率的方法。

第三步，计算下一级（乡、村）的贫困人口规模数。

公式2：下一级（乡、村）规模控制数＝上年年末农村户籍人口数×P

第四步，结合实际，微调贫困人口规模控制数，原则上要求上一级贫困人口规模总数＝Σ下一级各样本贫因人口规模控制数。比如，某县下一级各乡镇贫困人口规模数之和应等于该县的贫困人口规模总数[①]。

对于建档立卡户的指标到底是怎么来的，垤玛乡乡长也说不清楚，乡里认为是县里"指标"不够，乡里也没办法，只能按照指标分配。2017年8月初，云南省取消了设置建档立卡户指标的做法，各个地方的建档立卡户做到"应进则进"，于是所有的数据又重新填报了一次。垤玛乡的周乡长描述了最初建档立卡户的识别过程：

> 2013年，扶贫办有一个建档立卡信息录入程序，当时我们所有贫困户都录进去，先报到县扶贫办，再到州上，接着省上，再到国务院。我们从感观上来评贫困，房子破烂的、没建筑的、低级危房的，我们全都报上去。当时全乡报了约一万户，他们说不行。到2014年要按建档立卡的标准来评判，即人均纯收入低于2300元，这样的家庭是很多的，当时县上的指标也不够，所以就别除了一部分，包括所有有财政工资的人、村民小组长、护林员、电管员等。对于建档立卡户的识别，有的地方主要看收入，我们主要是看住房条件，所有属于危房、房子没建的全都纳入建档立卡户，这在农村基本准确了，但是也不能保证百分百准确，毕竟村里并不能掌握农户家中的存款情况。我们要自己看，看他们的吃

① 《国务院扶贫办关于印发〈扶贫开发建档立卡工作方案〉的通知》，http://www.cpad.gov.cn/art/2014/4/11/art_27_22097.html。

住、牲畜、生活必备品，这些只是大概情况，做不到非常准确，如他家还有上万的存款呢？这也是个问题。除了努力多次看，我们还要开群众会议，征求所有村民的意见，要公示尽量做到精准识别，否则就会出现社会矛盾。

课题组在牛红村村委会腊约村村民小组调研期间，村民对于一户建档立卡户有不同的看法。这户建档立卡户的房子属于村中最破的，已经是危房；家里有两个老人，儿子在外务工，儿媳在家照顾年幼的孩子。村民却觉得他们家挺有钱的，只是房子有些破旧，应该把建档立卡的名额让与其他困难的家庭。调研组去过这户建档立卡户的家里实地走访，发现他们家徒四壁，房屋破旧，从感官上判断确实是很贫困。村民之所以对这户人家有异议，主要是因为牛红村整体贫困面比较广，此类的贫苦户非常多。在普遍贫困的情况下，究竟哪家可以纳入建档立卡户，村民有自己的判定标准。毕竟是平时生活在一起的村民，大家对彼此家庭的状况还是很了解的。腊约村村民小组长的儿子是腊约村的第一个大学生，为人淳朴，性格略显腼腆，调研过程中他一直担当课题组与村民谈话的翻译。他对建档立卡户的选择发表了自己的看法：

就是看着家庭比较困难的，家里有年迈老人，更重要的是危房，这能成为建档立卡户的重要标准。但是有的房子破的家里也有钱，有一家房子很破的农户，好多人都说他家很有钱，而且他们吃穿方面还可以，他老婆还做点生意。他家还是有点钱的，因为用的是很久以前的纸币。算起来我们家都没他家有钱，我上大学都是自己去贷款的，现在还没有还清呢。

牛红村村民的生活每天都在发生变化，贫困与非贫困可能就在一场意外之间，村委会主任每年都会忙着应对这些新的情况，及时更新建档立卡户信息。所以，当下的精准扶贫工作的基层工作人员是相当辛苦的。在垭玛乡的几次调研期间，课题组经常看到乡政府的工作人员晚上 11 点多还在加班，有时更晚。陪同课题组的一位朱姓副乡长，有一次在深夜 12 点才拖着疲惫的身体从牛红村回到乡政府，他说白天村民都要下田干活，无法集中开会，只能等到晚上 8 点后才能把村民召集在一起。牛红村村委会主任谈到，由于建档立卡户信息是一直在变动的，有的满足脱贫条件要退出，也有因特殊情况返贫的，所以需要及时更新信息：

> 比如今天早上我就接到一户人家的意见，她家以前不是建档立卡户，她家有 3 口人，小孩读六年级，她丈夫 2016 年生病了，医疗费用了五六万，这因病返贫，我们就给了建档立卡户的名额，这完全可以的，所以在农村基层，很多事情都是可以变的。当然这也给我们精准扶贫工作带来了很多问题，不是我们工作不踏实，确实是农村的情况随时都在变。

调研组也访谈了牛红村里的一些非建档立卡户，多数农户说自己家也贫困，建盖新房子花光了积蓄，还有债务，但村委会说有新房的农户不能成为建档立卡户。在牛红村，房子的好坏是能否成为建档立卡户的主要识别标准，盖新房子的农户就不能进入了。课题组对一户李姓村民的调研，也证明了这一点。

> 我家不是（建档立卡户），因为在建房子，就成不了（建档立卡户）。老房子有 20 多年了，都漏雨了。盖房子的钱都是我自己打工挣来的，因为盖房子都花光了。

第二节　现代社会的规则与农村传统理解的悖论

为确保精准扶贫政策的落实，督促干部履职尽责，红河县和垤玛乡组织力量在各乡村全面展开扶贫脱贫"回头看"工作。2016 年以来，红河县开展下基层驻农家解民忧为主题的精准脱贫"回头看"活动，督查扶贫脱贫工作。

一　大数据与"回头看"

据垤玛乡乡长介绍，"回头看"主要看这些方面：一看扶贫对象准不准，解决好"扶持谁"的问题，查缺补漏，找准对象及致贫原因；二看脱贫需求清不清，解决好"扶什么"的问题，进一步摸清贫困村和贫困户在基础设施、生产发展、生活改善、能力提升、政策惠及等方面的实际需求；三看帮扶机制"实不实"，解决好"如何扶"的问题，通过看帮扶对象是否入户走访贫困户，看帮扶对象对贫困户的脱贫或巩固脱贫的规划和措施是否精准有效，促使帮扶干部严肃工作纪律；四看帮扶效果好不好，解决好"扶得怎么样"的问题。而督查建档立卡贫困户信息识别是否精准，查看贫困户退出程序是否完善是"回头看"一个最基本的方面。

为确保"回头看"认真执行，红河县政府在 2016 年 6 月 27~30 日对"回头看"工作进行抽检。其抽检内容包括：第一，建档立卡"回头看"工作是否按照工作队入户认定、村民小组评议、村委会评议公示、乡镇抽查审核后上报县级审定的程序进行；第二，建档立卡"回头看"工作表册中贫困户和相关工作人员的签字确认情况；第三，建档立卡"回头看"工作档案资料归档保存情况，痕迹资料（评议会议签到记录、公示照片、影像资料等）归档保存情况。

调研时课题组发现，村民们不仅不重视户口信息的更新，对于其他信息的更新也不重视。在"回头看"的时候，红河县工作组查出来有一户建档立卡户名下有机动车，要把这家剔除出去。乡长周绕斌带我去看了这家的情况：

这一家之前是建档立卡户，但是他儿子之前有一辆面包车，现在面包车已经转卖出去了，可车辆登记的车主还是他本人，现在要准备去车管所注销他的户主，从法定程序上证实他已经不再是面包车的车主，卖给谁就把户头转给谁，解决这一问题后要给他享受建档立卡户的优惠政策。

乡长希望这户人家去车管所注销，这样可以继续做建档立卡户。但是这户村民十分不理解，他们把当初卖车的合同拿出来，告诉课题组他的车已经卖了，剩下的事情就是政府的事情了，他认为不应该由他去车管所。事情最终不欢而散，村民认为这是政府的事情，政府却让他为难，乡长也表示非常无奈。如果这户人家不能去车管所把户主

图 7-1　堆玛乡乡长、副乡长和村委会主任在"回头看"时走访建档立卡户

（罗静拍摄，拍摄时间：2017 年 4 月，地点：牛红村）

注销掉，那么他只能退出建档立卡户。

乡长介绍说，发生的此类现象比较多，村民的争议也比较大，他们必须做好相关的工作，故而工作压力比较大。对干部违规操作、优亲厚友、徇私舞弊的行为和走形式、闭门造车、遥控指挥的现象严肃查处，确保精准扶贫"回头看"工作得到高效落实。

二　看不懂的公示：文化程度的制约

根据云南省工作统一安排部署，红河县对全县建档立卡贫困对象数据进行了"大走访、回头看、大核查"等多次比对工作之后，最终确定的符合条件的建档立卡贫困名单要予以公示，征询相关群众的意见和接受社会各界的监督。

在牛红村，村委会及相关工作组以村民小组为单位评出建档立卡户后，建档立卡户也在自己的名字上按了指印，并根据县乡两级政府的相关精神与工作安排，将建档立卡户的名单贴在村子显眼的地方进行公示。但是牛红村村民中有 60% 的文盲（课题组的抽样调查数据显示是60%，村长说应该有 80%），也就是说村里上了点年纪的人基本是不识字的，他们不了解公示的内容是什么，对公示的内容也不十分关注。

建档立卡户名单公示期，村民去村委会反馈意见的人非常少，但这并不代表村民没有意见。事实上，由于牛红村整体贫困，而垤玛乡政府刚开始给定的建档立卡户名额又有限，总是有部分贫困户不能成为建档立卡户。在贫困户识别之初，许多村民并没有意识到成为"建档立卡户"意味着什么，加以不会填写申请书，并没有成为"建档立卡户"；但随后政府的扶贫政策以及补助到位以后，没有成为"建档立卡户"的村民前往村委会、乡政府反馈意见的就很多了，这使得村委会的工作很被动。

以下图片都是由垭玛乡拍摄的贫困户公示。

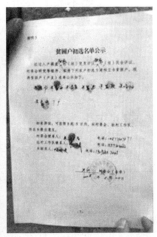

图7-2 贫困户公示（1）

（垭玛乡拍摄，时间：2016年5月，地点：牛红村）

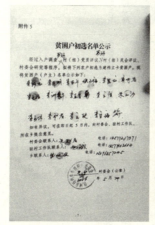

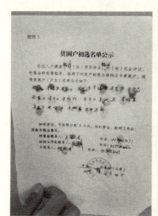
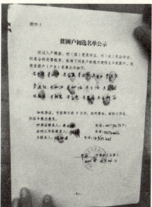

图 7-2　贫困户公示（2）

（垭玛乡拍摄，时间：2016 年 5 月，地点：牛红村）

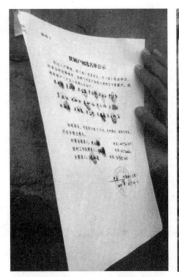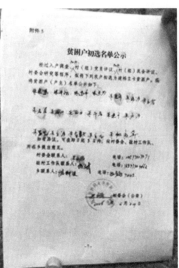
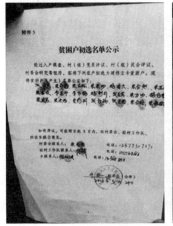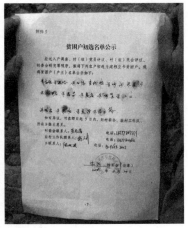

图 7-2 贫困户公示（3）

（坨玛乡拍摄，时间：2016 年 5 月，地点：牛红村）

第三节 未来乡村振兴的着力点

精准扶贫，与以往的扶贫政策相比贵在精准。纵观牛红村近几年的精准扶贫历程，当地各级政府为提高扶贫资源投入的精准性，制定与发布了一系列政策，对精准扶贫工作进行了详细布置、规范、指导、督察与评价。政策的有效执行，对改变牛红村的贫穷面貌发挥了相当重要的作用。这些从牛红村村容村貌、村民的获得感等方面都有真实的体现。但牛红村的贫困面广、贫困程度深，这次脱贫攻坚战以后，垭玛乡思考的是未来乡村振兴的着力点。

一 鼓励多主体参与乡村振兴

牛红村的精准扶贫在政府主导下取得了很好的成绩，从扶贫政策的制定、扶贫重点的确立、扶贫资金的筹集到扶贫方向的把握方面，政府在扶贫过程中都处于中心地位。政府实施的精准扶贫为牛红村的振兴奠定了基础，今后如果能够鼓励社会各界参与到乡村扶贫实践中，将使精准扶贫工作的效益达到最大化。目前，牛红村在政策制定、执行过程中基本上是以政府为主，几乎没有企业力量的参与。究其原因，无非是当地交通落后，投入与回报不成比例造成的。调研组在牛红村发现，几位返乡创业的当地村民想引入外界社会力量发展养殖业，但最终由于各种原因而未能实现。未来牛红村这样的边疆少数民族深度贫困地区，若能积极动员社会力量的广泛参与，必能对地方乡村振兴起到拉动作用。

二 产业是乡村振兴的支柱

牛红村自 2007 年实施扶贫开发到现在的精准扶贫，已经逐步解决了道路基础设施的建设，并对农民房屋和农业生计产业进行了精准扶持。如今牛红村的村容村貌、农户的生活发生了翻天覆地的变化，为未来乡村振兴奠定了基础。

牛红村的乡村振兴之路要从产业兴村做起。产业兴村是垤玛乡政府提出来的方案，指充分调动、盘活村庄的各种资源，开拓创收致富的新渠道，使村庄自力更生并能可持续发展。简单地说，就是培育村庄自身的"造血"功能。精准扶贫以来，牛红村村民开始创办农民合作社，农村产业也有一定的发展，但其效果短时期内仍然没有显现出来。在此情况下，牛红村人仍然把外出务工作为脱贫的主要手段和方式，村子里翻新建盖的房子多了，但农村贫困的根源问题仍待解决，发展的内生机制尚待完善。

此外，牛红村的教育扶贫也为乡村振兴打下了良好的基础。通过精准扶贫倡导和鼓励村民自力更生、艰苦奋斗，通过成人教育和科技培训提高贫困人口适应市场的能力，从而提升村民的脱贫和致富技能，使其走上可持续发展的道路。

第四节　少数民族深度贫困地区的脱贫之路：沟通外界与移风易俗

在分析了各种扶贫举措之后，回溯牛红村贫困原因的始点——交通落后、村庄封闭，这是包括牛红村在内的边疆山村更为宏大的"痛"。常言道"要想富，先修路"，对地处偏远的牛红村来说，交通不便一直是导致村民贫穷的重要原因，也是村民脱贫致富最大的制约因素。交通基础设施落后，在整个垤玛乡、整个红河县，乃至云南的许多山区，是隐于地方贫困背后的主要原因。社会之有交通，犹人身之有血脉。著名历史学家严耕望在《唐代交通图考》序言里开宗明义："交通为空间发展之首要条件，盖无论政令推行，政情沟通，军事进退，经济开发，物资流通，与夫文化宗教之传播，民族感情之融合，国际关系之亲睦，皆受交通畅通之影响，故交通发展为一切政治经济文化发展之基础，交通建设亦居诸般建设之首位。"足见交通发展状态对经济社会发展的重大影响，除此之外，交通具备事关政令顺畅与有效治理地方的政治功能。

红河县为典型的边疆民族地区，境内居住有哈尼族、彝族、傣族、瑶族等少数民族，少数民族人口占红河县总人口的94%，其中哈尼族占75%。中华人民共和国成立前，受经济文化影响和道路落后封闭制约，当地仍然是土司治理地区，先后隶属临安府和建水、石屏州（县）领辖，土司在地方上的权力很大，中央政府对红河的治理长期存在鞭长莫及的情况。境内只有山间小道，山高坡陡，溪河纵横，河上无牢固的桥梁，旱季行走已很不便，雨季则更难行。交通落后，地方封闭，经济贫困，境内运输主要是依靠传统的驿道和驿道上的驼铃马帮。当地民族群众常说"听到对门说话声，相见要走半天路"，出行难、交往难，道路不通，当地社会的发展并非制定一个发展规划就能亡羊补牢，也非政府一个号召就能安之若素。

1951 年 5 月，红河在解放一年后正式设县。为改善红河县落后的交通状况，增强红河与外界的联系，云南省政府积极筹划修建红河连通元阳的公路，但由于各种原因迟迟未起建。1957 年 10 月，晋思线建水县城至元阳县城段竣工通车，红河与外界联系距离大为缩短。1958 年 9 月，红河至元阳的公路建设启动。在修筑元（阳）红（河）公路时，因缺乏技术力量，由云南省、红河州直接负责测量。1959 年，红河州人民政府派技术员熊超支援红河县，为专职公路测量技术员。[①] 工程由元阳、红河两县组织承建，采用"民办公助"方式修筑，全程 65 公里，由红河县主要负责人王存厚具体指挥，主要技术员是熊超。经过一年多奋战，元红公路于 1960 年 3 月修通毛路。[②] 1960 年 3 月 8 日，第一辆汽车驶入红河县，红河县与外界的道路初步打通。之后，又经过红河与元阳两县建筑大军近 4 年的奋战，元红公路在 1964 年 1 月 24 日竣工通车，此为

---

① 云南省红河县志编纂委员会编《红河县志》，云南人民出版社，1991，第 235 页。

② 云南省红河县志编纂委员会编《红河县志》，云南人民出版社，1991，第 236 页。

红河县第一条县际公路干线。1965年起，为改变境内交通落后状况，红河县政府筹集资金，动员公社社员分别修通从县城迤萨至甲寅和乐育等几个公社的县区公路，一定程度上改善了红河县境内的交通状况。但直至20世纪90年代，地处红河县最西北部的垤玛仍然没有一条像样的道路与外界相连，垤玛乡政府通往牛红村的道路全是泥巴路，晴通雨阻，有时遇到泥石流或山体滑坡，道路阻隔，数月不通畅。牛红村农村电商负责人朱者伟（宗和村民）对那条曾经泥泞不堪的道路有刻骨铭心的体会。朱者伟在读初中时，父亲突然发病急需送往医院救治，但适值雨季道路阻隔，其父亲在经历病魔的痛苦折磨后逝世。牛红村通往乡政府的道路有较大改观的契机是2007年"7·13"洪灾。据村民介绍，当年的洪灾导致800多处山体滑坡，对乡民的生产生活造成极大的破坏。垤玛乡遭受重大灾难，全乡1万多人中超过8000人受灾。洪灾之后，在各级政府的帮助下，垤玛乡启动灾后重建工作，整个垤玛乡面貌有了较大改观。牛红村通往县政府的道路也就是在这个重建过程中完成了初步硬化工作，牛红村各个村民小组的道路有了一次较大的改善，可以行驶机动车。曾在牛红村做过大学生村官的莫琨亲身经历了牛红村道路从泥巴畜粪到硬化的过程。2009年9月17日，莫琨到牛红村当村委会主任助理，他上任后住在村委会原来的老房子里。那个时候的他还不会骑摩托车，从村子到乡政府的5公里路都是步行，一路漫天灰尘，如果下雨就泥泞不堪。有一次，乡政府的越野车在去牛红村的路上陷在了一个坑里，驾驶员无论怎么努力都开不出来，最后还是村民帮着抬出来的。而自从开始综合扶贫之后，进村子的路都已经硬化，再也不用踩着泥巴进村了。村子里的路面也硬化了，村民盖了猪圈、牛圈，家畜都已经圈养，整个村子的面貌焕然一新。在这个意义上，垤玛乡可谓因祸得福，中国很多地方出现过如此情况，只不过垤玛乡的这场洪灾并没有给垤玛乡带来突变。2011年出台相关政策，扶贫力度加大。短短三年，垤玛乡发生了巨大变化：村民的人均纯收入已经达到3000元，人均有粮300公斤；通往每个村委会的道路都已实现硬化，焖锅酒厂基本建设完毕，滇南小耳猪养殖厂源源不断地为老百姓提供小猪。

由于乡村道路点多面广，建设任务重、投入大，通往自然村的道路依然没能硬化，山村仍旧闭塞；即使硬化的乡村公路，由于年久失修，缺少必要的保养，早已崎岖不平。群山环抱、河水蜿蜒的牛红村，因为交通问题与外界"隔离"。交通不便使牛红村人一直以来都在一个相对封闭的环境中生存。这里绿水青山未能成为村民的金山银山。因为交通闭塞，牛红村人曾守着青山绿水，却外出乞讨生活。

2016年12月，前往牛红村的时候，课题组切身体验到交通的不畅，从红河州州府蒙自至红河县城所在地迤萨，汽车行驶了3个半小时，而从迤萨镇至垤玛乡约120公里的道路，虽然选择的道路还是相对宽敞便捷的道路，汽车却行驶了6个多小时（中间因道路施工用去1个多小时）。在元江县因远镇至红河垤玛乡的道路只有28公里，但这28

公里路程让垤玛乡和高速发展的现代社会脱节。大雨过后的路面上布满了积水和泥浆，车辆和行人均无法通过。在从元江至因远镇的途中，租用的车子陷入红泥巴里，在驾驶员的多次努力下才终于转上水泥路，上去后整车的人都鼓掌了。随行的当地工作人员说，几年前还没有修路的时候，前一辆车过去，后面的车要等上十分钟，有时遇到山洪暴发就得掉头原路返回。而由牛红村村委会至腊约村村民小组的道路，连续的雨水使本就泥泞的道路（该段道路没有硬化）更加难行，司机师傅把车停靠在路边，调研组只能徒步进入腊约村。远远望去，腊约村坐落在山脚下，河水从寨子前的河道流淌而过，把腊约村与外界隔离开来。外界进入腊约村需要蹚水而过，而通往村里的约 1.5 公里公路没有整修，进入村寨的一段大约 700 米的道路虽有硬化，但年久失修，破烂不堪，加以积水横流，污秽不堪，行人寸步难行。而当地村民已经习惯了这条道路，五六岁的孩子赤脚在路上飞奔，他们对眼下的贫穷与外面的世界还没过多的理解。进入村寨后发现有几家在翻盖新房子，但多数由村民自己建设，据说这样可以省去大笔工钱。至于山里采摘的山货及种植的桑果，村民难以运出去销售，外面的商人也不愿意进来收购。

　　交通的阻塞也导致了村民思想观念上的保守与消极。部分贫困人口思想消极保守，思维观念还停留在自给自足的自然经济时期，没有发展动力，安于现状，甚至有严重依赖思想。村民普遍不重视孩子教育，尤其女童教育，很多未成年的女子就嫁人生子，困守贫穷。由于文盲率较高，村民与外界交谈困难，又缺少到外面世界谋生的技能，对政府的政策与方针也无从知晓。村子里很多房子还是土坯房，一刮风就四面透风，一下雨就四处漏雨。每家每户最贵重的财物就是养的猪、牛、山羊等，人遭受雨淋也不愿意让这些牲畜受冷，这些牲畜与人共同居住在房子里。故要让垤玛人彻底告别贫困，除了资金支持，更重要的是重塑他们的思想、教给他们技能。垤玛乡乡长周绕斌说：贫困并不可怕，可怕的是没有摆脱贫困的信心和决心。当初，乡里争取到了产业发展资金，可是老百姓不相信，是老书记李文勇带着乡干部和党员服务队承包土地种出示范田，才打消了群众的疑虑。课题组也认为，当地的贫困有多重原因，但思想观念上的保守与消极是重要原因。当地政府切实进行了实地调研，制订了牛红村的发展规划，比如发展特色产业、开发民族文化旅游等，给村民描绘出一片光明前景。但所有的这些规划，没有畅通的道路，都是枉然！道路交通问题，今天仍然是制约垤玛乡当地经济发展、民生改善的"瓶颈"。

此外，开展移风易俗、弘扬时代新风，是精准扶贫的重要补充。在牛红村，老人去世的白事酒席花销大，已经成为贫困户家庭的严重"压迫性支出"，给主办方和随礼方都造成沉重的经济负担，不利于农村有限的资金投入改善生产生活上去。巨大的支出，让很多家庭背上沉重的债务负担，一些农户还因之再度返贫；同时，这类不良现象的蔓延，更是对精准扶贫构成重大的障碍。这类风俗是在交通不发达的情况下形成的，囿于地方的偏僻及与外界的隔绝，更是长时间难以改变。因此，交通条件的改善，在某种程度上也有利于移风易俗活动的推进。

可见，路之通，一切皆通。若在今后的扶贫攻坚过程中，不能大力改善边疆农村的道路之痛，必然会模糊深藏在山川深壑中农村的现实！道路交通，对于牛红村这样的偏远农村何其重要！这可以说是彻底解决牛红村贫困的一把钥匙。此种道理，正如英国人亚当·斯密在《国富论》里指出："一切改良中，以交通最为实效。"① 不过令人欣慰的是，牛红村自身及其与外界连接的道路在"精准扶贫"政策施行的过程中正悄然发生改变，进一步修复和改善村子里的道路已经列入当地政府的规划里。这些年，僻处边陲的牛红村人正是借助越来越便利的交通，离开祖辈生活的地方，到昆明、贵阳、广州、深圳、南宁等经济比较发达的城市和地区，接触到商业社会的风气，逐渐改变上千年封闭保守的生活方式。可见，改善交通状况是边疆扶贫的另一重要内容，其对沿线居民风气开放和观念转变的影响，可能比对经济发展的影响更有意义。

2015年7月29日，国家发改委批复了新建玉溪至磨憨铁路可行性研究报告。2016年4月19日，中老国际铁路通道重要组成部分玉磨铁路开工动员会在玉溪召开，标志着玉磨铁路全线开工建设。课题组在调研过程中，途经元江、墨江时看到玉磨铁路正在紧张施工，有望2022年建成通车，届时，牛红村所在的坚玛乡通过元江站或者

---

① （英）亚当·斯密：《国富论》，郭大力，王亚南译，译林出版社，2011，第133页。

墨江站北上省城昆明南下磨憨口岸都非常快捷。如此之区位，包括牛红村在内的垤玛乡及其周边地区必将很快借助交通之便利迅速发展起来，届时村民增收的路子更宽敞。而这条贯通滇南地区，连接境外的"扶贫路"和"致富路"，未来必将给沿线的居民带来更多福祉和机会，也必将作为铁路建设促进经济腾飞的"精准扶贫"范例而载入史册。

正所谓：山水阻隔，峰回路转，希望在前方。

附　录

几份访谈录音

一　牛红村 004 录音资料

调查员：许贵华　朱校文

受访者：朱 Y W

许贵华：你们家有几口人？户主姓名和孙子孙女配偶请说一下。

朱 Y W：3 个子女，户主是朱 YW，媳妇朱 ZS、儿子朱 BR、儿子朱 BW、孙子朱 FL。

许贵华：家里教育情况呢？

朱 Y W：孙子朱 FL 初中，儿子朱 BR 和朱 BW 都是大专。

许贵华：是不是村干部？

朱 Y W：不是，村民代表。

许贵华：那儿子们？

朱 Y W：朱 BR 是教师，朱 BW 在昆明务工。

许贵华：家里身体健康吗？

朱 Y W：自己身体差点，其他人健康。

许贵华：都有参加新农合？

朱 Y W：都参加。

许贵华：有养老保险吗？

朱 Y W：有。

许贵华：对自己房子满意吗？

朱 Y W：有两处房，其中一处是土房。

许贵华：房子什么时候建的？

朱ＹＷ：今年，2016 年。

许贵华：房子有多大面积？

朱ＹＷ：三层楼 200 多平方米。

许贵华：太阳能有吗？

朱ＹＷ：没有。

许贵华：离最近的公路距离是多少？

朱ＹＷ：2 米。

许贵华：家里都有自来水吗？

朱ＹＷ：有。

许贵华：喝水困难吗？

朱ＹＷ：不困难。

许贵华：煮饭用什么？

朱ＹＷ：有时候用柴火，有时候用电。

许贵华：有卫生间吗？

朱ＹＷ：有。

许贵华：家里房子花了多少钱？

朱ＹＷ：大概 30 万元。

许贵华：一年的家庭收入是多少？

朱ＹＷ：大概 6 万元。

许贵华：农业经营支出和收入是多少？

朱ＹＷ：支出 600 元，没收入满足生活基本需求。

许贵华：农业收入和支出多少？

朱ＹＷ：支出 600 元，没收入满足生活基本需求。

许贵华：礼金支出多少？

朱ＹＷ：一年 1 万元。

许贵华：2016 年食品支出多少？

朱ＹＷ：大概 5000 元。

许贵华：合作医疗保险多少？

朱ＹＷ：一个人 150 元，7 个人共 1050 元。

许贵华：有手机吗？摩托车呢？

朱ＹＷ：都有。

许贵华：去年的家庭存款多少？

朱ＹＷ：没有。

许贵华：去年家里贷款多少？利息？

朱ＹＷ：信用社贷款 10 万元用于建房，5 年之内还，利息不知道。

许贵华：家里身体状况？

朱ＹＷ：自己眼残。

许贵华：自己买药吃，还是去乡镇医院？

朱ＹＷ：都有，600 元左右。

许贵华：有报销医药费吗？

朱ＹＷ：草药不报销，其他都报销 60%

许贵华：家里有没有遭遇意外事故？

朱ＹＷ：没有。

许贵华：家里水田多少？旱地和林地呢？

朱ＹＷ：水田 6 分、旱地 1 亩、林地 10 亩。

许贵华：有没有自然灾害？

朱ＹＷ：没有。

许贵华：家里常住人口就你们两个？

朱 Ｙ Ｗ：嗯！

许贵华：除了过年过节都下地干活吗？

朱 Ｙ Ｗ：大概 200 天。

许贵华：在外打工的儿子多长时间回家？

朱 Ｙ Ｗ：过节。

许贵华：家里有没有党员？

朱 Ｙ Ｗ：朱 Ｂ Ｒ 两口子是。

许贵华：有参加村民小组召开的会议吗？

朱 Ｙ Ｗ：有。

许贵华：你跟你媳妇有事情会商量吗？

朱 Ｙ Ｗ：会。

许贵华：会经常与儿子联系吗？

朱 Ｙ Ｗ：大儿子经常联系，小儿子偶尔。

许贵华：借钱会和哪些人借？

朱 Ｙ Ｗ：亲戚朋友。

许贵华：亲戚有没有村干部？

朱 Ｙ Ｗ：没有。

许贵华：闲暇时会看电视吗？

朱 Ｙ Ｗ：会。

许贵华：晚上几点睡觉？早上几点起床？

朱 Ｙ Ｗ：晚上 10 点左右，早上 6 点左右。

许贵华：一天干活几个小时？

朱 Ｙ Ｗ：2 个小时，年纪大了。

许贵华：是不是建档立卡户？

朱 Ｙ Ｗ：不是。

许贵华：有扶贫补贴吗？有低保吗？灾害补助？

朱ＹＷ：都没有。

采访结束。

二 牛红村 008 录音资料

调查员：许贵华　朱校文

受访者：李ＰＧ

许贵华：大爹念过书没有？儿子、儿媳妇念过书没有？李ＬＦ、李ＳＬ、李ＳＦ呢？

李ＰＧ：我自己没有读书；儿子读到 5 年级，儿媳没有读过书，都是普通农民，在家种地；孙辈李ＳＬ、李ＬＦ在垤玛中学读初中；李ＳＦ现在 6 岁，还没有读书。

许贵华：身体状况还好吗？干活有问题吗？儿子儿媳在外打工吗？

李ＰＧ：经常腰酸背痛，儿子儿媳两口子在省内打工。

许贵华：家里全部参加新农合了吧？养老保险儿媳儿子交了没有？

李ＰＧ：都参加了，交了。

许贵华：对家里房子状况满意吗？

李ＰＧ：怎么可能满意，不好，就是盖不起。

许贵华：怎么煮饭？厕所有公共的吗？房子属于哪种类型？

李ＰＧ：用柴烧，没有公共厕所，有自家随便弄的厕所，土瓦房。

许贵华：一年家庭年收入多少？就是你们两口子和儿

子儿媳的。

李ＰＧ：大概 5000~6000 元。

许贵华：有没有养老金？

李ＰＧ：我 73 岁，我媳妇 71 岁，1440 元

许贵华：有没有低保补助？

李ＰＧ：一个人一月 240 元，两个人一年共 2880 元。

许贵华：一年家庭支出多少？

李ＰＧ：大概一万元。

许贵华：家里新农村合作医疗交了多少？

李ＰＧ：家里 8 个人一共交 1200 元。

许贵华：家里养老保险交了多少？

李ＰＧ：两个人一年共交 200 元。

许贵华：家里没有贷款欠钱的？

李ＰＧ：没有。

许贵华：家里有没有身体不好的？

李ＰＧ：我媳妇身体不好。

李媳妇：我摔伤了，腿有点疼，去山上拿猪食弄伤
的，还出了很多血。

许贵华：家里水田有几亩？旱地呢？

李ＰＧ：水田 3 亩，旱地 4 亩。

许贵华：自然灾害有没有？

李ＰＧ：有一点，大概损失 2000 元。

许贵华：有没有党员？

李ＰＧ：李 PL 是党员。

许贵华：18 岁以上有几个人？李 LF 与李 SL 读到几年

级了？

李ＰＧ：4个人。李 LF 与李 SL 两个在乡镇读初一。

许贵华：两个小孩读书生活费用多少？

李ＰＧ：两个人一星期 100 元，一个月 400 元。

许贵华：是建档立卡吗？

李ＰＧ：是。

许贵华：房子有没有搬迁过？有没有五保？

李ＰＧ：都没有。

采访结束。

三　牛红村 011 录音资料

调查员：许贵华　朱校文

受访者：张ＬＦ

许贵华：家里人的姓名是什么？儿子儿媳妇、孙子孙女等。

张ＬＦ：媳妇张 LN、儿子张 BD、儿媳张 MQ、孙子张 YH、孙女张 SY。

许贵华：大爹念过书没有？儿子儿媳、家里人的受教育水平。

张ＬＦ：没有念过，媳妇张 LN 也没有，儿子儿媳都是技校毕业的，张 YH 也是技校毕业的。

许贵华：家里有没有村干部？

张ＬＦ：没有。

许贵华：家里人身体健康吗？

张ＬＦ：全都健康。

许贵华：儿子儿媳在哪打工的？孙子呢？

张ＬＦ：儿子儿媳在家务工，孙子在外修车。

许贵华：孙子在外打工多长时间了？

张ＬＦ：6个月。

许贵华：全都参加新农合？有参加养老保险吗？

张ＬＦ：都有参加。

许贵华：房子状况满意吗？有没有老房子？什么时候建的新房子？

张ＬＦ：满意，2014年建的新房子花了12万元，在老房子基础上建的。

许贵华：房子有多大？

张ＬＦ：160平方米。

许贵华：有没有太阳能？

张ＬＦ：有。

许贵华：家庭年收入是多少？

张ＬＦ：一年大概一万元。

许贵华：一年种田收入多少？

张ＬＦ：700元左右。

许贵华：低保是多少？

张ＬＦ：一个人一个月120元。

许贵华：有养老金吗？

张ＬＦ：一个月80元，两个人有。

许贵华：家庭一年的支出是多少？

张ＬＦ：不清楚。

许贵华：养老保险交了多少钱？

张ＬＦ：400 元。

许贵华：农村合作医疗交了多少钱？

张ＬＦ：150 元。

许贵华：礼金支出多少？就是去做客花了多少钱？

张ＬＦ：300 元。

许贵华：有没有贷款或者欠钱？

张ＬＦ：没有。

许贵华：家庭存款有多少？

张ＬＦ：没有，没有。

许贵华：家里有没有意外事故？

张ＬＦ：没有。

许贵华：家里水田多少亩？旱地呢？林地呢？

张ＬＦ：水田 2 亩，旱地 5 亩，林地 3 亩。

许贵华：有没有遇到自然灾害，大概损失多少？

张ＬＦ：有，大概 2000 元。

许贵华：跟儿子多长时间联系一次？

张ＬＦ：一个星期左右。

许贵华：有没有 3~18 岁的？

张ＬＦ：2 个，孙子和孙女。

许贵华：孙子孙女有没有念书？

张ＬＦ：都没有。

许贵华：是不是建档立卡户？

张ＬＦ：不是。

许贵华：有没有享受过扶贫政策？

张 L F：有。

许贵华：低保补助多少？

张 L F：一个月 120 块，有两个人享受。

许贵华：什么时候领低保的？

张 L F：4 年前开始领的。

采访结束。

四　牛红村 013 录音资料

调查员：许贵华　朱校文

受访者：朱 B L

许贵华：家里人的姓名是什么？儿子儿媳妇、孙子孙女等。

朱 B L：户主朱 ZH，本人朱 BL，大儿子朱 MZ，女儿朱 HS，孙子朱 LZ，孙子朱 LF，孙女朱 LM。

许贵华：朱 ZH 有念过书吗？家里人受教育情况？

朱 B L：朱 ZH 四年级，朱 MZ 小学毕业，朱 HS 初中，孙子朱 LZ 四年级，孙子朱 LF 四年级，孙女朱 LM 二年级。

许贵华：朱 MZ 有结婚吗？朱 HS 呢？

朱 B L：朱 MZ 结婚，朱 HS 没有结婚，在广州打工。

许贵华：家里身体健康吗？

朱 B L：都健康。

许贵华：儿子朱 MZ 在哪务工？女儿朱 HS 呢？

朱 B L：都在外打工，儿子在省内，女儿在省外，出去刚一个月。

许贵华：家里都参加新农合吗？

朱ＢＬ：都参加。

许贵华：有参加养老保险吗？

朱ＢＬ：有参加。

许贵华：家里房子什么建的？

朱ＢＬ：2013 年。

许贵华：家里新房花了多少钱

朱ＢＬ：12 万元。

许贵华：家里房子多少平方？

朱ＢＬ：80 多平方米。

许贵华：家里有没太阳能？

朱ＢＬ：没有。

许贵华：水是自来水吧？家里有卫生间吗？

朱ＢＬ：有自来水，没有卫生间。

许贵华：房子还有其他的吗？

朱ＢＬ：只有这一个。

许贵华：家庭年收入多少？

朱ＢＬ：大概一万元。

许贵华：农作物收入多少？

朱ＢＬ：都是满足基本需求。

许贵华：有低保吗？多少钱？

朱ＢＬ：两人有，一个人 130 元。

许贵华：家庭一年支出多少？

朱ＢＬ：不记得花了多少，8000 元左右许贵华：家庭教育支出多少？

朱 B L：不清楚。

许贵华：养老保险多少钱？

朱 B L：4 人，一人 100 元。

许贵华：农村医疗合作交了多少钱？

朱 B L：8 个人，一人一年 150 元，一共就是 1200 元。

许贵华：家里有电视机、冰箱、摩托车吗？

朱 B L：都有。

许贵华：家里有存款吗？

朱 B L：没有，没有。

许贵华：家里有意外事故吗？

朱 B L：没有，没有。

许贵华：水田有几亩？旱地呢？林地呢？

朱 B L：水田 1 亩，旱地 1 亩，林地也是 1 亩。

许贵华：在外打工的儿子女儿多长时间联系一次？

朱 B L：偶尔联系。

许贵华：3~18 岁的有几个？

朱 B L：3 个，两个二年级，一个一年级。

许贵华：是不是五保户？

朱 B L：不是。

采访结束。

五　牛红村 014 录音资料

调查员：石艳妹　张伟靖

受访者：李 BJ 孙女及其一家

石艳妹：你家户主叫什么？

李 B J：李 BJ。

石艳妹：你家老公的名字？

李 B J：不是，我是这家的姑娘。已经嫁出去啦。

石艳妹：你户口在这里啦？

李 B J：不在啦。

石艳妹：你爸叫什么名字？

李 B J：李 HS。

石艳妹：还有哪个？

李 B J：我妈的也要说？李 YB。

石艳妹：还有哪个？

李 B J：李 WS。

石艳妹：还有哪个？

李 B J：李 HO。

石艳妹：然后呢？

李 B J：李 HL。

石艳妹：你家总的有 6 个人？

李 B J：还有一个李 HP。

罗静老师一行人参观了该住户的生活环境。

石艳妹：李 HS 是你的什么人？

李 B J：爸爸。

石艳妹：李 YB 是你什么人？她有几岁了？

李 B J：妈妈，63 岁。

石艳妹：李 HS 是你爸爸，他读过几年级？小学？初中？

李 B J：没读过。

石艳妹：李 YB 和李 WS 呢？

李 B J：没有，都没读过，

石艳妹：李 HO 呢？

李 B J：小学。

石艳妹：那李 HL 和李 HP 呢？

李 B J：小学。

石艳妹：都是农民吧？

李 B J：嗯。

石艳妹：身体都健康的吧？

李 B J：嗯。

石艳妹：家人一年四季都在家的吧？

李 B J：爷爷奶奶在，爸爸妈妈有时出去打工。

石艳妹：你们家都参加新农合了吗？

李 B J：参加了。

石艳妹：你有多大？

李 B J：20 岁，我们这边普遍都结婚早。

石艳妹：养老保险交着几个人？

李 B J：爷爷奶奶都有。

石艳妹：你问一下你的家人对住房满意吗？

李 B J：满意呢。

石艳妹：你家是建档立卡户吗？

李 B J：不是。

石艳妹：你家什么时候建的房子？花了多少钱？

李 B J：还没装修好，目前七八万元（家人一起回忆）。

石艳妹：你家房子有多少平方米？

李ＢＪ：我也不知道，你们可以自己看一下。

石艳妹：家里有太阳能吗？

李ＢＪ：没有。

石艳妹：家里有厕所吗？

李ＢＪ：没有，要在家的周围盖。

石艳妹：你们家一年的收入是多少？

李ＢＪ：不知道，这个也要问吗？一年一万多元，不过支出也大。

石艳妹：一年的农业支出，包括种子、农药、化肥这些总的支出是多少钱？

李ＢＪ：1000多元。

石艳妹：一年的收入多少？包括种地、卖猪……

李ＢＪ：都是自己杀，自己种了自己吃，不卖。

石艳妹：你家有低保吗？一个月多少？

李ＢＪ：有，我们这里都是一年发几次，一个月100元，但是每年都要拿了交新农合。

石艳妹：家里有电视机吗？

李ＢＪ：有呢，坏了。

石艳妹：有洗衣机、空调之类的家电吗？

李ＢＪ：一样都没有。

石艳妹：有摩托车吗？有几辆？

李ＢＪ：有呢。

石艳妹：你家养老保险一年交多少钱？

李ＢＪ：不清楚，交着六个人（爷爷奶奶，爸爸妈妈，两个哥哥）。

石艳妹：新农合一年交多少钱？几个人？

李 B J：150 元一个人，交着七个人。

石艳妹：你家有存款吗？

李 B J：没有。

石艳妹：你家有贷款或者和别人借钱吗？

李 B J：没得。

石艳妹：你家有没有被偷过东西之类的？

李 B J：没有。

石艳妹：你家水田有多少亩？旱地多少亩？

李 B J：不清楚，大概水田 2 亩，旱地 1 亩。

石艳妹：你家有几个人劳动？

李 B J：四个人。

石艳妹：你家有党员吗？

李 B J：没得。

石艳妹：你家是否参与村委会活动，选举投票之类的活动？

李 B J：参加呢。

石艳妹：你家 3~18 岁的人口有几个？也就是比你小的有几个？哪年生的？

李 B J：一个，李 HP。2009 年 11 月份生，读小学。

石艳妹：你家里或亲戚有当村干部之类的干部吗？

李 B J：没得。

石艳妹：你们家人分别是哪年出生的，有几岁？

李 B J：爷爷奶奶 1953 年生，哥哥李 HO1990 年，哥哥李 HL1992 年生，妹妹李 HP2009 年生。

石艳妹：老人的孙子在哪里？做什么？

李 B J：外面打工。

石艳妹：打工的钱带回家吗？

李 B J：不带，自己养活自己。

采访结束。

六 牛红村 015 录音资料

调查员：许贵华　朱校文

受访者：朱 M B

许贵华：家里成员以及受教育情况？

朱 M B：户主李 AL 小学毕业，李 LF 5 年级，李 LZ 3
岁还没上学，李 SF 一年级，李 ZS 没念过书。

许贵华：家里健康状况怎么样？

朱 M B：都健康。

许贵华：你老公在家干活吗？

朱 M B：不是，出门打工，在大理。

许贵华：户主在哪？

朱 M B：也是在大理打工。

许贵华：出门打工多长时间了？

朱 M B：一个月左右。

许贵华：打工的钱有寄回家吗？

朱 M B：有。

许贵华：新农合都有参加？

朱 M B：有。

许贵华：房子有多少平方米？

朱ＭＢ：大概 90 平方米。

许贵华：自来水有吗？平时喝水困难吗？

朱ＭＢ：有，管道没水，喝水自己挑。

许贵华：一年的家庭收入多少？

朱ＭＢ：一万元左右。

许贵华：农业经营支出呢？

朱ＭＢ：一千元左右。

许贵华：低保有多少？

朱ＭＢ：说不清。

许贵华：一年家庭支出多少？

朱ＭＢ：说不清。

许贵华：去年家里有贷款吗？

朱ＭＢ：没有。

许贵华：家里有没有遭遇意外事故？

朱ＭＢ：有一个，读四年级那个。

许贵华：家里有没有养狗？

朱ＭＢ：没有。

许贵华：水田多少亩？旱地呢？林地？

朱ＭＢ：水田 3 亩，旱地 4 亩，林地 2 亩。

许贵华：在家里经常干活的几个？

朱ＭＢ：1 个。

许贵华：家里有没有党员？

朱ＭＢ：没有。

许贵华：你老公经常出去打工吗？多长时间联系？

朱ＭＢ：两三个月，每天打一个电话。

许贵华：有事情会经常商量吗？

朱ＭＢ：嗯。

许贵华：3~18 岁的有几个？

朱ＭＢ：3 个。李 LF 五年级，李 LZ3 岁还没上学，李 SF 一年级。

许贵华：没有读初中的吗？

朱ＭＢ：没有。

许贵华：孩子上学都回家吃饭吗？

朱ＭＢ：李 LF 没有回来。

许贵华：孩子学费大概多少？住校费呢？

朱ＭＢ：两个一千多元，没有住校费。

许贵华：是建档立卡户吗？

朱ＭＢ：是。

许贵华：什么时候建档立卡户的？

朱ＭＢ：2015 年。

许贵华：是不是五保户？

朱ＭＢ：不是。

许贵华：你家号码多少？

朱ＭＢ：15087301327。

访谈结束。

七 牛红村 017 录音资料

调查员：张伟靖　石艳妹

受访者：李 M A

石艳妹：户主叫什么名字？

李 M A：李 MA。

石艳妹：家里面还有哪些人？叫什么名字？分别哪年出生？

李 M A：李 MA 1982 年 5 月，李 HZ 1976 年，李 FY 2006 年 7 月，李 SF 2013 年 11 月，李 FN 2006 年 2 月，李 LF 2001 年 3 月。

石艳妹：你家人受教育的情况？

李 M A：李 HZ、李 MA、李 FY 都是文盲，李 SF 没读书，李 LF 初二、李 FN 小学 5 年级。

石艳妹：家人的身体是否健康？

李 M A：我心口疼。

石艳妹：你家丈夫去哪了？

李 M A：在田里干活。

石艳妹：有参加新农合吗？

李 M A：150 元一个，6 个人 900 元。

石艳妹：养老保险有吗？

李 M A：两个人 200 块。

石艳妹：你家房子什么时候建的？

李 M A：4 年了。

石艳妹：房子大概花了多少钱？

李 M A：我老公知道，我不清楚。

石艳妹：房子都多大面积？

李 M A：100 平方米左右。

石艳妹：有太阳能？有电脑吗？

李ＭＡ：买了太阳能还没拿回来，没有电脑。

石艳妹：家里有卫生间吗？

李ＭＡ：没有。

石艳妹：有洗衣机吗？摩托车呢？

李ＭＡ：没有洗衣服，有摩托车。

石艳妹：农业支出多少？

李ＭＡ：大概 3000 元。

石艳妹：去年家里存款有吗？多少？

李ＭＡ：没有呢。

石艳妹：去年家里借款多少？

李ＭＡ：大概 10 多万元。

石艳妹：家里有遭遇意外事故吗？

李ＭＡ：没有。

石艳妹：劳动力有几个人？

李ＭＡ：2 人。

石艳妹：3~18 岁的有几个小孩？

李ＭＡ：4 个。

石艳妹：小孩教育支出一年大概多少？

李ＭＡ：300 元左右。

石艳妹：学校教育补助多少？

李ＭＡ：放假的时候学校给 200 元左右。

石艳妹：是不是建档立卡户？

李ＭＡ：不是。

采访结束。

八 牛红村 018 录音资料

调查员：许贵华　朱校文

受访者：朱 M N

许贵华：你家是建档立卡户吗？

朱 M N：是。

许贵华：朱 HD 是你儿子吗？

朱 M N：是呢。

许贵华：朱 XZ 也是你儿子？

朱 M N：是呢。

许贵华：朱 YY、朱 HM 是你什么人？

朱 M N：孙子、孙女。

许贵华：你家人受教育程度？

朱 M N：老公和我文盲，儿子小学。

许贵华：你家现在有人在读书吗？

朱 M N：没有。

许贵华：家人身体健康吗？

朱 M N：我经常脚疼。

许贵华：你孙女几岁？

朱 M N：3 岁。

许贵华：你家人都在外面还是家里？

朱 M N：出去福建打工了 3 个人。

许贵华：出去多长时间了？中途回来过吗？

朱 M N：7 个月，没有。

许贵华：对你家的住房情况满意吗？是什么房？

朱ＭＮ：不满意，土堆房。

许贵华：家庭一年的收入有多少？

朱ＭＮ：7000 元。

许贵华：家里面地里种的东西是自己用还是卖？大概多少钱？

朱ＭＮ：自己吃，也卖，7000 多元。

许贵华：一年的农业支出是多少？

朱ＭＮ：800 多元。

许贵华：你家有几个人吃低保？

朱ＭＮ：6 个。

许贵华：一年的支出是多少钱？

朱ＭＮ：七八千元。

许贵华：一年要交多少养老保险？

朱ＭＮ：3 个人。

许贵华：家里有什么家电？

朱ＭＮ：手机、摩托车。

许贵华：家里去年有贷款吗？

朱ＭＮ：没有。

许贵华：家里面有人不健康吗？

朱ＭＮ：我和我老公。

许贵华：那平时会去医院看病吗？

朱ＭＮ：没钱，买草药。

许贵华：那一年两个人买药要多少钱？

朱ＭＮ：每个人 2000 元左右。

许贵华：有报销的吗？

朱 M N： 没有。

许贵华： 你老公平时生活可以自理吗？

朱 M N： 可以。

许贵华： 你孙子多大了今年？

朱 M N： 3 岁。

许贵华： 家里有发生过意外、偷窃吗？

朱 M N： 没有。

许贵华： 家里面有养狗吗？

朱 M N： 养了一条狗。

许贵华： 家里面有几亩水田？几亩旱地？几亩林地？

朱 M N： 水田两亩，旱地四五亩，林地 10 亩。

许贵华： 你家种什么树？

朱 M N： 松树。

许贵华： 家里面常做活的人？

朱 M N： 儿子外出打工，就我和老公在。

许贵华： 你家有党员吗？

朱 M N： 没有。

许贵华： 和外出打工的家人多长时间联系一次？

朱 M N： 每个星期两次。

许贵华： 在家里看电视吗？

朱 M N： 看的。

许贵华： 孙女和你们在一起吗？

朱 M N： 没有，和她爸妈在一起。

许贵华： 孙女没读书多长时间了？

朱 M N： 没读过。

许贵华：你家什么时候加入建档立卡的？

朱 M N：去年（2015）。

采访结束。

九　牛红村 019 录音资料

调查员：张伟靖　石艳妹

受访者：李 M Z

张伟靖：你们家是后来搬来这里的还是本来就住这里的？

李 M Z：十多年前分家后搬过来的。

张伟靖：你家户主叫什么名字？

李 M Z：李 MZ。

张伟靖：你家其他还有哪些人？叫什么名字？分别哪年出生？

李 M Z：媳妇李 MY 1980 年出生，儿子李 AC 2006 年出生，女儿李 AQ2004 年出生。

张伟靖：你们这边都是异地搬迁吗？

李 M Z：是呢，我老家不在这里。

张伟靖：你们家都是哈尼族吗？

李 M Z：是呢。

张伟靖：你们家人的受教育情况？

李 M Z：李 MZ、李 MY 文盲，李 AC、李 AQ 小学。

张伟靖：你有在村里担任什么职务吗？

李 M Z：老农民。

张伟靖：你们会出去打工吗？去哪里？

李ＭＺ：偶尔会，外省。

张伟靖：你们家人的身体健康吗？

李ＭＺ：都健康呢。

张伟靖：你家交着几个人的养老保险？一年多少钱？

李ＭＺ：两个，村里面一起交。

张伟靖：你们家的年收入是多少？

李ＭＺ：每年就出去一两个月，来来回回基本没剩下些什么。两千元左右。

张伟靖：你们家房子当年盖了多少钱？盖好多少年了？

李ＭＺ：一万元都不到，13 年。

张伟靖：你们家有电视机等家电吗？

李ＭＺ：没得。

张伟靖：有手机吗？

李ＭＺ：有呢。

张伟靖：你们家有贷款吗？有的话是多少钱？

李ＭＺ：有，向银行贷了一万元。

张伟靖：小孩读书一年要花费多少钱？

李ＭＺ：一个星期两个 50 元。

张伟靖：你们新农合一年多少钱？交着几个人？

李ＭＺ：四个人，每人 150 元。

张伟靖：你家一年做客要花多少钱？

李ＭＺ：1000 元左右。

采访结束。

十　牛红村 020 录音资料

调查员：许贵华

受访者：李ＨＦ

许贵华：李 SB 是你的母亲还是？

李ＨＦ：妈。

许贵华：你是哪年出生的？

李ＨＦ：1976 年。

许贵华：李 HD、李 DF 是你什么人？

李ＨＦ：孙子。

许贵华：你家人那些读过书？

李ＨＦ：爸、妈、我文盲，孙子、儿子小学。

许贵华：你爸爸妈妈还去田里吗？

李ＨＦ：不去了。

许贵华：你家有几个人去打工？

李ＨＦ：两个。

许贵华：养老保险都有吗？

李ＨＦ：嗯。

许贵华：你对你家房子满意吗？

李ＨＦ：满意。

许贵华：你们喝水的水管拉进家了吗？

李ＨＦ：没有。

许贵华：你家的年收入多少？

李ＨＦ：三四千元。

许贵华：收入来源于哪里？打工还是种地？

李 H F：打工。

许贵华：种地这些一年的成本要多少？

李 H F：七八包种子，每包 45 元。

许贵华：你家有低保吗？每年多少钱？

李 H F：认不得。

许贵华：每年养老金多少？

李 H F：两个人，每个月 80 元。

许贵华：一年的支出多少钱？

李 H F：说不清，大概一万元左右。

许贵华：家里面有电视机、手机、摩托车吗？其他还有什么？

李 H F：有电视、手机、摩托车。其他没有。

许贵华：家里面有贷款吗？

李 H F：以前有过，现在没得。

许贵华：这几年家里面有没有发生过大事，突发事故？

李 H F：没有。

许贵华：家里有养狗吗？

李 H F：没有。

许贵华：现在还会有吃不饱的情况吗？

李 H F：自己种的够吃了。

许贵华：你家有几亩水田？几亩旱地？

李 H F：3 亩水田，旱地 5 亩。

许贵华：家里做活的有几个人？

李 H F：我一个人。

许贵华：平时看电视吗？有信号吗？

李 H F：看呢，电视有七八年了。

许贵华：你家 3~18 岁的有几个人？读几年级？学习成绩怎么样？

李ＨＦ：3 个人，小学，差不多。

许贵华：读书的每年多少钱？

李ＨＦ：每学期 130 多元。

许贵华：你家是建档立卡户吗？

李ＨＦ：是。

采访结束。

十一　牛红村 021 录音资料

调查员：石艳妹　张伟靖

受访者：李 WH 的女儿李 SN 及其家人

石艳妹：你家户主的名字？

李ＳＮ：李 WH。

石艳妹：你家是建档立卡户吗？

李ＳＮ：不是。

石艳妹：你家分家了吗？

李ＳＮ：住的地方分开了，户口没分。

石艳妹：你家人受教育读书的情况？

李ＳＮ：李 WH、李 KN、李 AZ、李 LY 文盲，李 WQ、李 SP、李 SN 小学，李 ZS 初中。

石艳妹：你家人哪几个结婚了？

李ＳＮ：李 WH、李 KN、李 AZ、李 ZS、李 LY 已婚，其中李 LY 只是办了酒席没领结婚证。

石艳妹：你们家人都健健康康的吗？

李ＳＮ：李ZS肠胃不好，妈妈经常头晕。

石艳妹：你家哪几个人在外面打工？在哪里打工？

李ＳＮ：李AZ、李ZS分别在福建、玉溪打工。

石艳妹：他们外出打工带钱回家吗？

李ＳＮ：偶尔李ZS会带回来。

石艳妹：你家交着几个人的养老保险？

李ＳＮ：7个人（妈妈、两个哥哥、两个嫂子、姐姐和我）。

石艳妹：对你家房子满意吗？

李ＳＮ：不满意。

石艳妹：你家有几处房子？哪年盖的？花了多少钱？

李ＳＮ：两处（大哥、二哥）。二哥的2012年盖的，花了15万元。

石艳妹：那你家有欠钱吗？欠了多少？

李ＳＮ：欠了10万元。

石艳妹：有没有电视机？

李ＳＮ：大哥家没有，二哥家有。

石艳妹：有手机吗？

李ＳＮ：有的。

石艳妹：有太阳能吗？

李ＳＮ：没有。

石艳妹：年收入多少？

李ＳＮ：基本都是哥哥外出打工偶尔带回来点，今年爸爸生病，没有钱。

石艳妹：今年的支出多少钱？

李ＳＮ：5000 多元。

石艳妹：对收入满意吗？

李ＳＮ：非常不满意，没钱。

石艳妹：礼金一年要多少钱？

李ＳＮ：500 元左右。

石艳妹：礼金收入多少？

李ＳＮ：不收钱。

石艳妹：养老保险多少钱？

李ＳＮ：村委会统一交。

石艳妹：低保多少一年？

李ＳＮ：不一定，有时每个人 50 元一个月，有时每个人 100 元每个月。

石艳妹：新农合多少一个月？

李ＳＮ：村委会帮忙交一部分，自己交一部分。

石艳妹：读书的小孩一年要花多少钱？

李ＳＮ：每个星期七八元。手头紧的时候两元。

石艳妹：你觉得你们家与亲戚家相比过的怎么样？

李ＳＮ：和妈妈相比我家算好的，和爸爸家相比算差的。

石艳妹：你家有多少水田？多少旱地？

李ＳＮ：水田 6 亩，旱地 2 亩。

石艳妹：你家亲戚里面有当村干部之类的干部吗？

李ＳＮ：过去有个叔叔当村干部，现在没有。

石艳妹：你家 3~18 岁的有几个人？和谁住在一起？

李ＳＮ：两个，和我们在家里。

访谈结束。

参考文献

著作类：

〔德〕阿特斯兰德:《经验性社会研究方法》，李路路、林克雷译，中央文献出版社，1995年。

方堃:《民族地区精准扶贫难点问题研究》，科学出版社，2018。

红河县人民政府编《云南省红河县地名志》，云南民族出版社，1991。

红河县史志办公室编《红河县年鉴2016》，德宏民族出版社，2017。

胡兴东、杨林:《中国扶贫模式研究》，人民出版社，2018。

金璟、李永前、李雄平、张毅:《云南省农村扶贫开发模式研究》，西南财经大学出版社，2014。

陆汉文、黄承伟、刘晓山等:《中国精准扶贫发展报告（2018）》，社会科学文献出版社，2018。

史军超:《滨海文化与高原文化的嫡裔——哈尼族迁徙史诗研究》，载《哈尼族研究文集》，云南大学出版社，1991。

宋维峰、吴锦奎等:《哈尼梯田：历史现状、生态环境、持续发展》，科学出版社，2016。

唐珂、闵庆文、窦鹏辉：《美丽乡村建设理论与实践》，中国环境出版社，2015。

王清华：《梯田文化论》，云南大学出版社，1999。

汪三贵、杨龙、张伟宾、王瑜等：《扶贫开发与区域发展：我国特困地区的贫困与扶贫策略研究》，经济科学出版社，2017。

杨秋宝：《2020：中国消除农村贫困：全面建成小康社会的精准扶贫、脱贫攻坚研究》，北京古籍出版社，2017。

尹绍亭：《一个充满争议的文化生态体系——云南刀耕火种研究》，云南人民出版社，1991。

云南省红河县志编纂委员会编《红河县志》，云南人民出版社，1991。

曾天山：《教育扶贫的力量》，教育科学出版社，2018。

中共中央党史和文献研究院编《习近平扶贫论述摘编》，中央文献出版社，2018。

中共中央组织部干部教育局、国务院扶贫办行政人事司、国家行政学院教务部：《精准扶贫精准脱贫：打赢脱贫攻坚战辅导读本》，党建读物出版社，2016。

〔美〕周锡瑞：《叶：百年动荡中的一个中国家庭》，史金金、孟繁之、朱琳菲译，山西人民出版社，2014。

论文类：

曹锦清、张乐天：《传统乡村的社会文化特征：人情与关系网——一个浙北村落的微观考察与透视》，《探索与争鸣》1992

年第 2 期。

　　高明:《结构性贫困:基于收入、消费与社会网络的分析——以 H 村为例》,中国农业大学博士学位论文,2018 年。

　　公丕明、公丕宏:《精准扶贫脱贫攻坚中社会保障兜底扶贫研究》,《云南民族大学学报(哲学社会科学版)》2017 年第 6 期。

国亮、杨博:《精准扶贫的体制机制障碍与应对》,《河南社会科学》2018 年第 12 期。

　　李辉:《精准扶贫攻坚阶段云南脱贫攻坚的政策调适与模式创新》,《云南民族大学学报(哲学社会科学版)》2018 年第 4 期。

李俊杰,耿新:《民族地区深度贫困现状及治理路径研究——以"三区三州"为例》,《民族研究》2018 年第 1 期。

　　李连江、张静、刘守英,应星:《中国基层社会治理的变迁与脉络——李连江、张静、刘守英、应星对话录》,《中国社会科学评价》2018 年第 3 期。

　　刘小珉:《多维贫困视角下的民族地区精准扶贫——基于 CHES2011 数据的分析》,《民族研究》2017 年第 1 期。

　　孟强:《莫让"风俗贫困"成精准扶贫拦路虎》,《中国老区建设》2016 年第 8 期。

　　慕良泽:《中国农村精准扶贫的三重维度检视及内在逻辑调适》,《农业经济问题》2018 年第 10 期。

　　王丽惠:《连片山区乡村的发展式治理——精准扶贫溢出效应及对村治体系的重构》,《学术交流》2018 年第 12 期。

　　许汉泽、李小云:《精准扶贫:理论基础、实践困境与路径选择——基于云南两大贫困县的调研》,《探索与争鸣》2018 年第 2 期。

　　徐顽强、王文彬:《精准扶贫的元要素聚焦与整体治理路径》,《西北农林科技大学学报》(社会科学版)2018年第6期。

张榆琴、李学坤、李鹤，胡丽:《云南省红河州精准扶贫绩效研究》,《青岛农业大学学报（社会科学版)》2017年第4期。

朱梦冰、李实:《精准扶贫重在精准识别贫困人口——农村低保政策的瞄准效果分析》,《中国社会科学》2017年第9期。

后　记

　　地图导航显示驾车从北京到牛红村的距离是 2885 公里，实际上经过三天两夜的时间，我们才走完。第一天早上从北京乘坐飞机到昆明，当天下午从昆明乘火车到红河州政府所在地蒙自；第二天从蒙自租车到红河县政府所在地迤萨镇；第三天从迤萨镇到垤玛乡，就这样一路翻山越岭，第四天早上才能到达牛红村。这是课题组第一次去调研时所行走的路线。后来红河县的和涛县长告诉我，如果想要节省时间可以从昆明包车，走高速公路取道元江，大概五六个小时可以到垤玛乡，实际上牛红村距离昆明并不远。从以上曲折的路程可窥见牛红村贫困原因之一斑。在牛红村走访调研的时候，课题组深刻感受到地理位置偏远所造成的生活的不便，作为典型的哈尼村寨，牛红村村民都居住在山坡上，我们经常要手脚并用地在村民家穿行，显得十分笨拙，有时候狼狈不堪，因此课题组成员经常开玩笑说："罗老师要是被拐到这里，怕是逃不出去了。"这大概是对牛红村地理位置最形象的描述了。

　　每年的 4 月底是垤玛乡插秧的季节，有一次调研碰上了牛红村的开秧节，课题组深刻体验到当地农民耕种的辛苦。插秧期间非常繁忙，光靠自家人往往人手是不够的，因为每个村子具体的插秧时间不一样，从山底下到山顶能错开2个星期时间，所以，在别的村中有亲戚的家庭会把外村亲戚请来帮忙；没有亲戚帮忙的家庭会花钱雇人插秧，每人每天80元。我们调研期间村民们都不在家，全部在田里忙插秧，课题组也到田间帮农民一起插秧，顺便做访谈，陪同我们去调研的垤玛乡副乡长开玩笑说："罗老师也去挣个80块钱吧。"实际上我最多坚持了1个小时就退下阵来，想在牛红村挣80元钱很不容易。插秧的辛苦远远超出北京知识分子的想象，这也使得我们在撰写这个报告的时候对其中所有扶贫措施都深有感受。写扶贫报告是轻松的，十指在键盘上挥舞，而扶贫工作却是艰辛的。

本调研成书之际，牛红村的精准扶贫工作也进入收尾阶段，垤玛乡乡长打来电话告诉我，垤玛乡通往国道的公路正在铺柏油，2019年9月竣工，村里的危房改造也基本完成，牛红村的面貌整体有了很大改观。本书从最初的调查到书稿出版历经4年时间（2016~2019年），这4年里，课题组仅是深入牛红村进行了几次历时并不长的调研，但仍可以感受到在农村一线的扶贫工作者的工作强度和工作压力之大。他们普遍比实际年龄显得苍老很多，2018年底网络上热议的云南"80后"白发干部是扶贫干部真实的写照。牛红村所取得的精准扶贫成效是扶贫干部们干出来的。在此，谨以此书向垤玛乡和牛红村奋战在精准扶贫第一线的基层干部致敬。

感谢红河县的和涛县长，垤玛乡党委书记朱福祯，垤玛乡乡长周绕斌，埄玛乡副乡长朱王法，埄玛乡扶贫办倪双波、朱品沙，牛红村总支书段黑陆，牛红村委会主任朱毛者，牛红村村委会副主任朱忠沙以及在这次调研中给予我们支持的所有扶贫干部和乡亲。

感谢中国社会科学院社会学所所长陈光金研究员，他在百忙之中对这篇报告提出中肯的修改意见，将我从缤纷炫目的调研材料中领出来，当然文责自负。

感谢中国社会科学院科研局负责百村调研的所有领导和工作人员，以及边疆所负责协调该项目的同事，感谢王子豪副局长、檀学文、刁鹏飞、闫珺、田甜、曲海燕、高月，感谢他们为"百村调研"的辛苦付出，没有他们在背后事无巨细的支持，调研工作不可能进行得如此顺利。由衷感谢这些默默无闻的幕后英雄。

著　者

2019 年 10 月

图书在版编目（CIP）数据

精准扶贫精准脱贫百村调研. 牛红村卷：昔日乞丐
村的脱贫之路 / 罗静, 赵旭峰著. -- 北京：社会科学
文献出版社, 2020.6
ISBN 978-7-5201-5472-7

Ⅰ.①精⋯ Ⅱ.①罗⋯ ②赵⋯ Ⅲ.①农村-扶贫-
调查报告-红河县 Ⅳ.①F323.8

中国版本图书馆CIP数据核字（2019）第192338号

· 精准扶贫精准脱贫百村调研丛书·

精准扶贫精准脱贫百村调研·牛红村卷
——昔日乞丐村的脱贫之路

著　　者 / 罗　静　赵旭峰

出 版 人 / 谢寿光
组稿编辑 / 邓泳红　陈　颖
责任编辑 / 解书森　陈　颖
文稿编辑 / 伍业君

出　　版 / 社会科学文献出版社·皮书出版分社（010）59367127
　　　　　地址：北京市北三环中路甲29号院华龙大厦　邮编：100029
　　　　　网址：www.ssap.com.cn
发　　行 / 市场营销中心（010）59367081　59367083
印　　装 / 三河市尚艺印装有限公司

规　　格 / 开　本：787mm×1092mm 1/16
　　　　　印　张：15.25　字　数：148千字
版　　次 / 2020年6月第1版　2020年6月第1次印刷
书　　号 / ISBN 978-7-5201-5472-7
定　　价 / 59.00元